Les Éditions du Boréal
4447, rue Saint-Denis
Montréal (Québec) H2J 2L2
www.editionsboreal.qc.ca

Les prophètes désarmés?

Claude Morin

Les prophètes désarmés ?

Que faire si un référendum gagnant
sur la souveraineté n'était pas possible ?

Boréal

Les Éditions du Boréal remercient le Conseil des Arts du Canada ainsi que
le ministère du Patrimoine canadien et la SODEC pour leur soutien financier.

Les Éditions du Boréal bénéficient également du Programme de crédit d'impôt
pour l'édition de livres du gouvernement du Québec.

Diffusion au Canada : Dimedia
Diffusion et distribution en Europe : Les Éditions du Seuil

Données de catalogage avant publication (Canada)
Morin, Claude, 1929-

    Les Prophètes désarmés ? Que faire si un référendum gagnant
    sur la souveraineté n'était pas possible ?

    ISBN 2-7646-0047-X

    1. Québec (Province) – Histoire – Autonomie et mouvements indépendantistes. 2. Référendum
– Québec (Province). 3. Droit des peuples à disposer d'eux-mêmes – Québec (Province). 4. Relations
fédérales-provinciales (Canada) – Québec (Province). I. Titre. II. Titre : Que faire si un référendum
gagnant sur la souveraineté n'était pas possible ?

FC2926.9.S4M67   2001   971.4'04   C00-940365-5
F1053.2.M67   2001

… lorsque [les hommes] *se jettent dans les conquêtes sans en avoir les moyens, ils commettent une faute et méritent le blâme.*

… il faut examiner si les réformateurs ont le pouvoir de s'imposer, ou s'ils dépendent d'autrui ; […] *si pour mener à bien leurs entreprises ils comptent sur leurs prières ou sur leurs forces. S'ils n'emploient que les prières, ils sont inévitablement voués à la faillite ; mais s'ils disposent de la force, bien rares sont les échecs. Voilà pourquoi tous les prophètes armés furent vainqueurs, les prophètes sans armes déconfits.*

MACHIAVEL, *Le Prince*

Citer Machiavel, au début d'un livre, tient-il de l'irréflexion de l'auteur ou d'un penchant à la provocation ?

Ni de l'une ni de l'autre.

Contrairement à la réputation qu'on lui a faite, Machiavel a davantage observé les comportements politiques de son temps, leurs causes et leurs effets, pour en tirer des leçons, que donné des conseils amoraux sur la gouverne de l'État.

Il n'avait pas toujours tort dans ses appréciations. Par exemple, lorsqu'il disait de ceux qui « se jettent dans les conquêtes sans en avoir les moyens » qu'ils « commettent une faute et méritent le blâme ». Ou quand il affirmait que « les prophètes armés furent vainqueurs, les prophètes sans armes déconfits ».

En démocratie, l'arme par excellence est le soutien de l'opinion publique.

Réfléchir

Pendant la campagne électorale de l'automne 1998, le public voulait savoir si, réélu, le gouvernement du Parti québécois tiendrait un référendum sur la souveraineté. Les autorités du parti déclarèrent que la consultation aurait lieu quand les « conditions gagnantes » seraient réunies. Avant le congrès national du PQ de mai 2000, le premier ministre Lucien Bouchard précisa — ce qui revenait au même — que son gouvernement n'entreprendrait pas de nouveau référendum sans avoir la conviction de pouvoir le gagner.

Bien.

Restait cependant en plan une question : *Que devraient faire le gouvernement et le PQ si les circonstances se révélaient, en dernière analyse, non propices à la tenue d'un référendum gagnant sur la souveraineté ?*

D'abord conçu pour répondre à cette question, ce livre donne aussi suite à l'invitation lancée par le premier ministre lorsqu'il a annoncé sa démission, le 11 janvier 2001 : « Je vois dans mon départ l'occasion d'un débat de fond, comme plusieurs le souhaitent, et même le moyen d'un renouveau pour le parti. »

Ces pages contiennent soixante-dix observations et suggestions issues de mon expérience ou liées à ma compréhension de la réalité.

Résumées en quelques mots, encadrées pour en faciliter le repérage et commentées succinctement, elles m'ont aidé à préserver la dimension raisonnable que je tenais à donner à ce livre. Liées les unes aux autres dans une présentation qui peut rappeler le déroulement d'un cours (d'où quelques redites pédagogiques et de brefs « rappels de la matière déjà vue »), elles forment l'armature d'un raisonnement que j'ai voulu rigoureux, en essayant de ne pas commettre trop d'erreurs. Je n'ai pas la présomption d'avoir toujours raison, pas plus que l'impression de m'être trompé partout, d'autant que certaines de mes constatations ont aussi été formulées par d'autres acteurs et témoins de notre vie politique.

On fera ce qu'on voudra des suggestions que je formule dans la troisième partie du livre. Je les publie au cas où, sait-on jamais, elles pourraient servir. En totalité, en partie ou juste un peu. Telles quelles ou adaptées. Pendant l'actuel mandat du gouvernement si possible. Ou plus tard si nécessaire.

Mais je ne suis pas sûr qu'elles serviraient. On verra pourquoi dans le dernier chapitre.

C. M.
Sainte-Foy, février 2001

L'état des lieux

Commençons par le commencement :

De toutes les provinces du Canada, le Québec est la seule à devoir et pouvoir assumer, par ses institutions publiques et privées, la responsabilité de défendre et de promouvoir la spécificité d'une société à plus de 80 % de langue française qui, pour cette raison notamment, se distingue de la population de langue anglaise qui domine partout ailleurs en Amérique du Nord.

Très fortement majoritaires au Québec, présents à des degrés divers à l'extérieur, les francophones sont de plus en plus minoritaires dans l'ensemble canadien et, à l'échelle de l'Amérique du Nord, leur poids démographique est infime.

La responsabilité historique que cette situation a, par la force des choses et non par idéologie, imposée au Québec comme collectivité ainsi que les tâches politiques et autres qui en ont découlé pour son gouvernement ont donné naissance à des besoins, des perspectives, des objectifs et des priorités qu'Ottawa et les provinces de langue anglaise ne partagent pas toujours ni même souvent. Ou qui soulèvent l'opposition de ceux que dérange le caractère distinct d'un Québec qu'ils ne comprennent pas, ou qu'irrite un phénomène dont ils aimeraient limiter l'ampleur, à défaut de pouvoir en nier l'existence.

Là est la source des tensions Québec-Canada, constamment entretenues ou aggravées par des facteurs comme ceux qui seront brièvement relevés dans cette première partie du livre.

I

Une vulnérabilité « programmée »

On a longtemps pensé, au Québec, qu'un retour à l'« esprit de 1867 » corrigerait les dérives du régime actuel provoquées par les entreprises centralisatrices d'Ottawa. Beaucoup de personnages politiques et d'observateurs tenaient en effet pour acquis qu'à l'origine le fédéralisme canadien avait été édifié sur le respect d'une valeur alors jugée primordiale par les « Pères de la Confédération », mais malheureusement oubliée par leurs successeurs : le maintien intégral et assuré de ce qu'on a appelé l'« autonomie provinciale ». Erreur.

Le fédéralisme de 1867 ne visait pas avant tout à sauvegarder l'« autonomie provinciale ».

En regroupant dans un pays de type fédéral les colonies d'Amérique restées fidèles à l'Angleterre, les politiciens et les hommes d'affaires de l'époque ainsi que le Parlement de Londres, préoccupés par l'expansionnisme des USA, ont plutôt voulu doter la nouvelle entité d'un gouvernement central fort, capable d'en assurer la croissance économique et territoriale et d'entreprendre le *nation building* qui s'imposait. Là était leur principal objectif.

Ce dessein initial explique pourquoi les larges attributions qu'Ottawa tient de la Constitution depuis 1867, jointes aux pouvoirs d'intervention que les tribunaux lui ont ensuite reconnus, ont presque toujours facilité les initiatives des autorités centrales. Ce fut le cas dans les années qui suivirent l'instauration de la fédération. Ce le fut encore lors de l'avènement du *Welfare State*, il y a une cinquantaine d'années, et dans la période qui suivit. Ce l'est toujours aujourd'hui.

Le régime fédéral actuel avantage systématiquement le pouvoir central.

Vu la tendance congénitale, pourrait-on dire, du régime et les pressions contre la spécificité du Québec qu'elle engendra par la suite, on pourrait penser, en utilisant une image contemporaine, que celui-ci a été « programmé » pour être vulnérable.

Il l'est parce que, en vertu de ses prérogatives, le pouvoir central peut affecter l'exercice, par les provinces, de leurs compétences et créer des situations où leurs gouvernements sont en pratique forcés, sous peine de sanctions financières ou en contredisant leurs propres lois, de se plier à des priorités ou à des mesures « nationales » définies unilatéralement par Ottawa ou dont celui-ci est le concepteur et se considère le gardien. Ces priorités et mesures peuvent viser des domaines fédéraux, ce qui est admissible, mais aussi des domaines relevant des provinces. Dans ce dernier cas, elles mettent en cause les responsabilités particulières qui incombent au gouvernement du Québec.

Les interventions fédérales — tolérées, sinon réclamées, par les autres provinces et par l'opinion publique dans le reste du Canada — sont aussi « justifiées » par la prépondérance que le régime reconnaît au centre et, surtout, favorisées par les grands moyens d'action dont ce même centre dispose :

- Le gouvernement fédéral a constitutionnellement accès à *toute* forme de taxation (pouvoir d'imposer).
- Il a le droit de consacrer des ressources financières à des initiatives qui se situent dans des domaines ne relevant pas de lui, comme l'éducation, à condition de ne pas légiférer directement sur les matières visées (pouvoir de dépenser).
- Il peut de son propre chef soumettre à sa juridiction des ouvrages provinciaux qu'il déclare être à l'avantage général du Canada ou d'au moins deux provinces (pouvoir déclaratoire).
- Il a compétence sur tous les domaines non expressément attribués aux provinces *en 1867* (pouvoir résiduaire).
- Il peut annuler les lois provinciales qui lui déplaisent (pouvoir de désaveu, tombé en désuétude, dit-on, mais toujours inscrit dans la Constitution…). Etc.

De plus, contrairement à ce qui se passe dans les autres fédérations, c'est lui (en réalité, le premier ministre fédéral) qui choisit les membres de la Cour suprême et ceux du Sénat, une pratique qui accroît l'emprise d'Ottawa sur le régime et ses institutions. Qui plus est, la Cour suprême doit rendre ses décisions en fonction d'une constitution largement biaisée, on vient de le rappeler, en faveur du gouvernement central, et les nominations au Sénat dépendent le plus souvent de considérations partisanes.

Vulnérable, le Québec l'est également lorsque surviennent des crises politiques (on l'a vu avec le coup de force constitutionnel de 1980-1982) ou des problèmes jugés urgents ou graves par le pouvoir fédéral. Le réflexe canadien-anglais majoritaire joue alors : il appartient au *National Government*, celui d'Ottawa, d'imposer son leadership, malgré les réserves, les prétentions ou l'opposition du Québec. Et peu importe que les gestes accomplis en de telles circonstances portent atteinte aux droits du Québec, comme cela a été le cas avec la loi fédérale visant à « encadrer » le processus référendaire québécois *(Clarity Act)*.

Ottawa trouve facilement des prétextes pour se conformer aux exigences du *nation-building*, surtout quand c'est pour « mettre le Québec à sa place ».

Le fédéralisme canadien a été fondé sur un malentendu.

Il semble bien que ceux des « Pères de la Confédération » qui représentaient les Canadiens français n'ont pas pu, pas su ou pas voulu pressentir que les choses pourraient prendre cette tournure, car ils affirmèrent à leurs concitoyens que la « Confédération » (il s'agissait en fait d'une *fédération*) garantirait l'autonomie des provinces et que les droits du Québec ainsi que la spécificité de ses institutions y seraient pour toujours en sécurité, inattaquables.

Les discours et les écrits du temps montrent toutefois que, parallèlement, les politiciens canadiens-anglais exposèrent aux citoyens qu'ils représentaient une version bien différente de la réalité à venir : loin d'insister sur l'autonomie provinciale, ils leur expliquèrent que le régime de 1867 rendrait possibles la naissance d'une nouvelle nationalité et l'émergence d'un gouvernement central puissant.

De part et d'autre de la frontière linguistique, le public se fabriqua une compréhension divergente du fédéralisme que les politiciens voulaient créer.

On peut se demander si l'équivoque n'était pas bienvenue auprès des autorités d'alors :

- Elle leur a permis de faire accepter par les Canadiens français un régime que les Canadiens anglais comprenaient à leur manière, mais ces derniers, convaincus de la justesse de leur propre interprétation, forts d'une population numériquement supérieure et appuyés par des gouvernements provinciaux et un *National Government* qui pensaient la même chose qu'eux, furent tout naturellement enclins par la suite à soumettre les Québécois à une conception du fédéralisme qui leur était étrangère.
- Par contre, en 1867 toujours, le quiproquo rendit aussi ce régime acceptable aux anglophones ; ils étaient loin d'imaginer que, des décennies plus tard, les Canadiens français du Québec invoqueraient les principes du fédéralisme pour s'en prendre à des initiatives fédérales et s'opposer à la centralisation que ces mêmes principes étaient, selon la vision canadienne-anglaise, censés favoriser !

Bref, pour les uns, de langue française, le fédéralisme signifiait l'autonomie des provinces et celle du Québec en particulier, mais pour les autres, il ouvrait la voie à une centralisation présumée nécessaire, vers Ottawa, de pouvoirs déterminants, d'abord ceux touchant le commerce, la monnaie, la banque et la défense, et, plus tard, ceux concernant l'évolution globale de la société canadienne.

En cela réside un malentendu, qui devait devenir permanent, sur la nature exacte du régime qu'on mettait alors en place, malentendu né de deux conceptions à vrai dire légitimes, mais souvent opposées, du fédéralisme.

On comprend qu'aux yeux des provinces anglophones et d'Ottawa, la pression autonomiste ultérieure du Québec équivaudra à un refus de se plier aux normes et de se soumettre aux pratiques du régime, tandis que, selon le Québec, les agissements du reste du Canada contreviendront à l'esprit du fédéralisme et aux principes de la Constitution. Voilà qui explique pourquoi le Québec ne s'est jamais comporté en « province comme les autres » dans ses rapports avec Ottawa. De là découle la succession de conflits de juridiction et de débats Québec-Canada qui a marqué l'histoire politique, notamment depuis la Seconde Guerre mondiale, du fait de l'accroissement de l'intervention gouvernementale à peu près partout.

Le danger politique le plus immédiat pour le Québec provient de la dynamique et des pratiques du présent régime fédéral.

Selon des tenants du fédéralisme actuel, le Québec est, de tous les États fédérés du monde, celui qui jouit de la plus grande latitude. Il n'a plus grand-chose à réclamer. Le régime ne lui a-t-il pas permis, par exemple, de s'offrir le luxe d'une certaine personnalité internationale ?

Pas tout à fait. À l'exception de ses rapports avec la France et quelques institutions francophones (résultat quasi miraculeux de la complicité française et de luttes épiques remportées contre un torpillage fédéral constant), le Québec, État non souverain, ne peut pas parler en son nom avec les autres pays. Ni se prononcer sur les grandes questions de l'heure. Ni défendre lui-même, sans chaperonnage et surveillance d'Ottawa, ses intérêts dans les forums multilatéraux où s'élaborent des décisions qui le toucheront. La participation occasionnelle du Québec, *province* parmi d'autres, à des délégations canadiennes dirigées par les fédéraux ne lui a pas octroyé un droit intangible à l'autonomie en matière diplomatique. La privation d'une personnalité internationale reconnue par tous et des bénéfices de cette reconnaissance est inhérente au statut de *province*.

Outrepassant l'espace qui lui était alloué, le Québec a parfois essayé de pallier cette situation en prenant sur lui d'exprimer son avis sur des enjeux internationaux qui lui importaient, ce qui a provoqué la colère d'Ottawa. Ou il est intervenu discrètement, par personnes interposées, auprès de gouvernements étrangers et d'organismes internationaux. Minces et fragiles expédients, aux résultats aléatoires. Sur le plan externe, le Québec, *province*, reste « balisé » et il n'est interprété dans les autres pays qu'à travers le prisme fédéral. Ottawa est présumé pouvoir parler en son nom, à l'extérieur, autant qu'en celui de la Saskatchewan ou de l'Île-du-Prince-Édouard.

N'étant que *province*, le Québec est aussi menacé, cette fois sur le plan interne, par le jeu des forces et des influences identifiées dans les constatations qui précèdent. La conséquence est inéluctable : s'il n'optait pour la souveraineté que dans un avenir lointain et si, d'ici là, les règles politiques actuelles étaient maintenues, le délai qui s'écoulerait serait amplement suffisant pour que la dynamique naturelle du régime réduise davantage les pouvoirs du Québec dans les domaines qu'il pense être les siens. À moins de souhaiter la domination ultime d'Ottawa sur les affaires du Québec, les

Québécois non souverainistes doivent méditer sur le fait que, à la longue, leur *province* deviendra encore plus vulnérable qu'aujourd'hui et perdra en cours de route, toujours à cause des lois du régime, l'usage de leviers qu'elle croyait détenir.

Car Ottawa conserve l'espoir de s'installer en permanence dans *tous* les domaines relevant des provinces et celui de contrôler encore plus étroitement les compétences qu'il a déjà investies grâce à l'un ou l'autre de ses grands pouvoirs d'intervention. Il a effectivement les moyens d'aller plus loin (énormes surplus budgétaires) et dispose toujours des excuses et des instruments juridiques qui le lui permettent.

Dans l'optique des bureaucrates fédéraux, fidèles en cela à leurs patrons politiques, l'existence des provinces est depuis longtemps perçue comme un handicap à la liberté d'action dont Ottawa, le *National Government* du Canada, *devrait* selon eux disposer : elle contrarie l'autorité qu'ils jugent devoir revenir au gouvernement central afin qu'il puisse exercer son leadership sans entraves provinciales sur l'ensemble de la *Canadian nation*. Ces personnages souhaiteraient idéalement que les provinces consentent à se muter en organes régionaux assez dociles pour se charger, chacune sur son territoire, de la mise en œuvre des décisions prises par le centre. Un centre où ils sont des décideurs…

Déploreraient-ils, dans leur for intérieur, la structure fédérale du Canada ? À les voir agir, on le dirait. Sentinelles du bien commun *Canadian*, ils cherchent, quitte à contredire l'essence même du fédéralisme, à établir graduellement ou à accentuer la prépondérance d'Ottawa chaque fois que l'occasion se présente. C'est leur façon d'atténuer les complications administratives et autres désagréments qu'engendre pour eux un régime pourtant fondé en principe, dit-on, sur le respect des attributions de chaque ordre de gouvernement. Qu'ils veuillent prendre, le plus possible, mais sans trop le proclamer (sauf en privé), leurs distances avec une structure aussi importune fait partie de leur comportement naturel.

Ce mouvement vers la domination fédérale, perceptible tout au long de l'histoire du Canada, est plus marqué depuis une cinquantaine d'années. Des provinces anglophones (l'Ontario et l'Alberta, entre autres) ont parfois émis des réserves devant telle ou telle intention d'Ottawa, mais aucune n'a jamais fermement remis en cause ses grands pouvoirs d'intervention. Un peu comme des municipalités par rapport à leur gouvernement provincial, elles ont plutôt tenté de soutirer des avantages financiers du gouvernement central, en lui monnayant leur soutien, même si, ce faisant, elles le laissaient envahir leurs champs de compétences. Ainsi, après avoir fait mine d'hésiter, elles ont finalement toutes adhéré à l'union sociale et chaleureusement accueilli les bourses du millénaire. Ces gestes furent bien plus révélateurs de leurs véritables orientations que ne le sont leurs protestations épisodiques contre Ottawa. Celles-ci, soulignées par les médias, ont parfois quelque écho au Québec, où il reste encore un certain nombre d'analystes pressés ou partisans qui aiment déceler chez ces provinces une volonté autonomiste nouvelle et bienvenue, allant désormais, proclament-ils, « dans le sens que veut le Québec ».

Certains s'imaginent qu'un parti comme l'Alliance canadienne décentraliserait le Canada au point que seraient satisfaites les aspirations du Québec. Mais on sait déjà que, dans l'hypothèse où ce parti parviendrait à se faire élire, il chercherait lui aussi à imposer au Québec des législations contraires à ses valeurs ou contredisant ses priorités. Il ne pourrait jamais non plus se rendre aussi loin dans la voie de la décentralisation que ses porte-parole ont jusqu'à maintenant voulu le faire croire. En cette matière, lorsque viendrait le moment de trancher, une constante rattraperait les parlementaires fédéraux, comme ce fut toujours le cas aux moment décisifs : le Canada anglais tient à l'existence d'un gouvernement central puissant qui soit, pour lui, un instrument collectif et un *national symbol*.

Les règles du régime soumettent les Québécois à un processus inéluctable de minorisation politique.

Toujours influencée par la perception et les aspirations canadiennes-anglaises, l'évolution récente du fédéralisme canadien a accru la vulnérabilité du Québec et, à terme, rendra encore plus difficiles la promotion de ses intérêts, la défense de ses positions et l'illustration de son caractère propre.

Ainsi, l'orientation politique visée par le rapatriement de 1982 a mis au rancart la vision binationale du Canada, historiquement défendue par le Québec. Le type de multiculturalisme conçu et appliqué par Ottawa dans les années 1980, admis par les autres provinces et devenu un dogme dans la doctrine des groupes d'intérêts hostiles au patriotisme québécois, tend aussi à faire des francophones non plus un peuple fondateur, mais une grosse minorité ethnique. Le gouvernement central n'a jamais renoncé à l'entreprise de *nation building* commencée il y a maintenant plus de cent trente ans.

À cela il faut ajouter que, pour rendre son existence indispensable, ce gouvernement veut, outre la « visibilité » qu'il exige, instituer des contacts de plus en plus étroits, fréquents et variés avec les « citoyens ordinaires » ; il s'y essaie en lançant des programmes ou des services dont il tient à ce qu'on lui reconnaisse la paternité, même si ses initiatives créent de coûteux chevauchements et des perturbations dans les programmes existants (exemple : les bourses du millénaire).

Comme pour plusieurs autres problèmes des Québécois, leur faible taux de natalité ne dépend pas de décisions fédérales, mais les tendances démographiques à l'œuvre au Canada, accentuées par une immigration que le Québec est loin de contrôler, défavorisent les francophones.

À ces facteurs anciens et nouveaux dont l'influence se confirmera au cours des prochaines années, se joindra le fait qu'Ottawa, jouissant maintenant de gigantesques surplus budgétaires en large partie acquis grâce aux réductions unilatérales de ses versements aux provinces et à sa manipulation des ressources de l'assurance-emploi, n'hésitera pas à « fonder » ses interventions dans tous les domaines stratégiques, y compris ceux qui relèvent encore des provinces, sur l'existence non seulement des prérogatives qu'il possède déjà, mais aussi des obligations et des nécessités issues de la mondialisation ou de la situation internationale. D'aucuns, à l'extérieur, estimeront que ces prétextes sont convaincants et jugeront que si le Québec proteste parce qu'il tient à sa spécificité, c'est qu'il s'obstine à défendre des points de vue rétrogrades, voire ethnocentriques. Ces gens invitent déjà les Québécois à entreprendre une nouvelle Révolution tranquille, comme pour effacer les résultats de celle qui a déjà eu lieu. Sont-ils à la veille de nous annoncer que le fédéralisme est lui-même désuet, coupable qu'il serait d'une répartition fédérale-provinciale des pouvoirs dont les exigences du monde actuel rendent l'étanchéité illusoire ? Le jour viendra — nous y sommes presque — où défendre l'autonomie provinciale passera pour un indice de velléités séparatistes…

À l'intérieur du Québec, nulle pénurie prévisible de « Canadiens-français bonnententistes » ingénus ou arrivistes pariant contre les leurs, qui partageront ces points de vue et s'institueront défenseurs tacites ou volubiles des forces fédérales à l'œuvre. Patriotes inversés, ils prêcheront l'« ouverture », l'« adaptation » et la « tolérance ». C'est-à-dire, dans le cas présent, la soumission à la vulnérabilité.

Tâche peu glorieuse déjà délibérément assumée par les politiciens venant du Québec, sauf ceux du Bloc québécois, qui font carrière à Ottawa. Non seulement ils ne cherchent pas à y promouvoir la vision québécoise du régime, mais, adhérant à des partis qui ne les acceptent qu'à cette condition, ils collaborent pleinement avec les protagonistes du fédéralisme *Canadian*. Animés d'un singulier enthousiasme, ils sont les agents contemporains de l'*indirect rule* pratiquée en leur temps par les colonisateurs britanniques.

Les forces qui pèsent sur le Québec — conjuguées à la sujétion à ces forces des fédéralistes québécois qui persistent à s'illusionner sur leur aptitude à infléchir le cours des événements par des discours ou en se fiant aux autres provinces — finiront à terme par réduire le Québec au rang d'entité marginale de plus en plus politiquement impuissante, et même par le folkloriser. Il deviendra une *province comme les autres,* avec aussi peu de prise qu'elles sur la marche du régime.

II

Le grand blocage

Conscients depuis longtemps du fait que le régime portait atteinte à l'intégrité du Québec et de ses institutions et qu'il menaçait à terme sa spécificité, les gouvernements québécois successifs ont à maintes reprises, et sans discontinuer, tenté de convaincre Ottawa et les autres provinces de la nécessité qu'il y avait de le réformer. En vain.

Pour la population du Canada anglais[1], le fédéralisme bien compris suppose l'existence d'un gouvernement central fort, capable, face aux Américains, d'affirmer l'identité *Canadian* et, sur le plan interne, de tenir tête aux réclamations des politiciens provinciaux, notamment ceux du Québec.

---

1. Les mots « Canada anglais » utilisés ici et là dans le texte le sont par commodité. Ils ne doivent pas laisser entendre que, dans l'esprit de

C'est au Québec, mouton noir du régime et bête noire des idéologues fédéraux, que, depuis le début, l'opposition à l'envahissement fédéral a été la plus tenace et la plus conséquente. Lui seul a, obstinément, mais rarement avec un succès durable, résisté aux pressions inhérentes au régime. Des pressions qui continueront à s'exercer de plus en plus lourdement sur lui.

On n'insistera jamais trop sur la prodigieuse erreur d'appréciation de ceux qui pensent que le maintien du statu quo équivaudrait à un « moratoire », situation neutre dont Ottawa ne pourrait tirer profit. Le statu quo laisserait au contraire intacts des règles et des comportements aux effets funestes pour le Québec.

Parce qu'ils imaginent la souveraineté à portée de la main, ou presque, certains de ses partisans pensent, pour leur part, que le respect dû à ce qu'on appelait autrefois l'« autonomie provinciale » est un souci devenu anachronique, que le Québec a mieux à faire que de défendre des acquis et que, si on continuait à se préoccuper de ce genre de problème, on le replongerait dans de vieux débats sans intérêt réel et sans issue digne de ce nom.

Ils ont tort. Bien que plusieurs des moyens qu'on favorisait autrefois dans la lutte autonomiste soient, eux, dépassés (d'autant plus qu'ils étaient inefficaces), non seulement la nécessité de maintenir l'intégrité de l'État québécois et de

---

suite de la note page 25

l'auteur, le « reste du Canada » (expression également utilisée) est culturellement homogène et politiquement monolithique, même si, à propos de la vision du fédéralisme et du rôle d'Ottawa, on y trouve des tendances lourdes très différentes de celles qu'on observe au Québec.

défendre la spécificité de sa population est immédiatement actuelle, mais le succès des efforts déployés en ce sens est une condition de réussite de la démarche souverainiste.

Un Québec qu'on serait parvenu à affaiblir davantage n'en serait que moins bien équipé pour devenir un vrai pays. Cela, les fédéralistes et leurs stratèges le savent, comme ils savent que le statu quo les sert bien.

Le Québec et le reste du Canada (Ottawa en tête) n'ont *jamais* partagé les mêmes objectifs de réforme constitutionnelle.

Mais, opposera-t-on à cette constatation, des représentants d'Ottawa et des autres provinces n'ont-ils pas, au sein de commissions d'enquête et lors de maintes conférences intergouvernementales, participé à nombre de réflexions et de travaux dont l'objectif était précisément de renouveler le fédéralisme ? Leur investissement en temps et en énergie dans le dossier constitutionnel ne prouverait-il pas qu'ils espéraient eux aussi, tout autant que les Québécois, améliorer le système ?

Le problème est qu'en cette matière on n'a jamais, de part et d'autre, parlé de la même chose ! Quand les représentants d'Ottawa ou des autres provinces parlaient du fédéralisme, c'était la vision *Canadian* du régime qu'ils avaient en tête et qu'ils voulaient naturellement consolider. Et quand ils se montraient disposés à renouveler le régime, ils tenaient pour acquis que la vision qu'ils en partageaient (dont on a vu, quelques pages plus haut, les répercussions passées et futures sur le Québec) n'en serait pas sensiblement altérée. Contrairement à ce qu'on a pu croire chez nous pendant un certain

LES PROPHÈTES DÉSARMÉS ?

temps, ils n'envisageaient donc pas du tout d'apporter au cadre constitutionnel du Canada le genre de transformations fondamentales réclamées par les représentants du Québec, désireux, eux aussi, de « renouveler le fédéralisme ». Tous utilisaient les mêmes mots — *renouvellement* et *fédéralisme* — mais ces mots, au contenu dissemblable selon les interlocuteurs, reflétaient des perceptions différentes et concernaient des aspirations inconciliables.

Problème de communication ? Au début des années 1960, peut-être, mais pas par la suite : on ne parlait pas de la même chose parce qu'on ne recherchait pas la même chose.

C'est dire que, pour peu qu'elle tende à modifier le régime lui-même et non simplement à en améliorer la gestion courante, toute nouvelle proposition autonomiste venant du Québec heurterait encore la vision *Canadian* du régime. Elle serait d'autant moins acceptable pour les défenseurs du système si, comme par le passé, elle émanait des *seules* autorités gouvernementales du Québec. Les libéraux fédéraux l'accueilleraient avec leur suffisance habituelle. Les faiseurs d'opinion d'Ottawa et du reste du Canada, s'ils étaient condescendants, la traiteraient avec *benign neglect* et, hostiles, avec hargne. Dans son ensemble, l'opinion publique canadienne-anglaise, comme toujours, s'y opposerait spontanément. Si possible, tout le « Canada hors Québec » refuserait même d'en discuter.

La majorité canadienne-anglaise n'est nullement disposée à donner suite aux réclamations des *politiciens* du Québec en consentant à modifier substantiellement le fonctionnement du régime actuel.

Sporadiquement, des représentants d'autres provinces déclarent souhaiter des ajustements administratifs qui, selon eux, résoudraient les frictions fédérales-provinciales, mais aucun n'est prêt à accepter des changements qui modifieraient la nature du fédéralisme canadien ou remplaceraient par d'autres, plus respectueuses du Québec, les règles du jeu qu'on y pratique. Ces politiciens rejoignent là-dessus leur propre population, qui est, dans l'ensemble et malgré quelques escarmouches occasionnelles entre telle province et le gouvernement central, favorable à la dynamique actuelle du régime et aux doctrines d'Ottawa en ce qui concerne la place et le rôle du Québec au sein du Canada.

Préférant la notion irréaliste d'« égalité des provinces » et feignant d'oublier — ou ignorant — que la majorité de ses citoyens voient le Québec comme leur patrie et non comme une simple subdivision territoriale du Canada fédéral, les Canadiens anglais rejettent, bien entendu, non seulement l'indépendance éventuelle de la *province* de Québec, mais aussi, parce qu'elles contredisent leur conception du pays, toutes les thèses qui en proviennent sur la « société distincte », les « peuples fondateurs », le « statut particulier », etc. Sur ce terrain où il y a convergence d'intérêts, de perceptions et de perspectives, le Canada anglais et le gouvernement fédéral s'appuient mutuellement.

Il est maintenant devenu presque impossible de modifier la Constitution canadienne.

C'est admis partout : modifier une loi aussi fondamentale qu'une constitution ne doit pas être trop facile. Au Canada, aucune crainte à ce propos. Le principe général de la formule d'amendement est le suivant : depuis 1982, une modification de la Constitution exige l'accord du gouvernement fédéral et de sept provinces représentant au moins la moitié de la population (règle dite du 7-50). Dans certains cas, mentionnés dans la formule, il faut toutefois l'unanimité[2] ; dans d'autres, ne concernant qu'une province, la modification peut être apportée après entente entre l'intéressée et Ottawa.

Mais, dans la réalité politique, ce n'est pas aussi simple.

Le gouvernement fédéral dispose toujours d'un droit de veto, quel que soit le changement envisagé, particularité qui lui assure un pouvoir considérable sur l'évolution de la Constitution : rien ne bougera sans l'aval de l'*establishment* d'Ottawa. Aucune province ne jouit d'un tel privilège.

Certaines s'en étant plaintes, le gouvernement fédéral a légiféré, en 1995, pour « prêter » son veto aux provinces. En clair : Ottawa ne proposera pas de modification constitutionnelle sans le consentement de l'Ontario, du Québec, de la Colombie-Britannique, des Prairies *et* des Maritimes ! Annulation par la bande de la souplesse relative que devait, disait-on, instaurer la règle du 7-50.

La Colombie-Britannique et l'Alberta ont aussi décidé, par une loi, que tout amendement constitutionnel devait recevoir l'approbation de leur électorat par référendum. D'autres provinces choisiraient peut-être la même procédure,

---

2. La modification de la formule d'amendement fait partie des sujets auxquels s'applique l'unanimité des onze gouvernements au Canada. Or cette formule a été imposée au Québec en 1982, sans son accord. Ce qui revient à dire qu'Ottawa et les neuf autres provinces ont décidé, *sans unanimité*, d'imposer l'unanimité à celle de toutes les provinces qui a précisément le plus à redouter des règles gouvernant le régime ! Éloquente absurdité.

tout comme Ottawa qui, depuis le précédent créé par le référendum pancanadien sur l'accord de Charlottetown, en 1992, se sentira obligé de requérir l'avis de tous les Canadiens.

Toute nouvelle entreprise de révision constitutionnelle devrait, en plus, sans doute se conformer à deux usages. Selon le premier de ces usages, chaque gouvernement, pour prouver à ses électeurs le soin qu'il prend à défendre leurs intérêts, peut ajouter, au projet d'amendement initial venant, disons, d'une province, les changements qu'il désirerait lui-même obtenir. Très laborieuses et très longues discussions en perspective[3].

Selon l'autre usage, on serait tenté (ou forcé par diverses pressions) d'inviter des délégations du Yukon et des Territoires du Nord-Ouest, mais aussi du Nunavut et des autochtones (dans ce cas, plusieurs délégations distinctes), à la table constitutionnelle où siègent d'office les représentants fédéraux et ceux des dix provinces. La formule d'amendement ne confère aucun droit de vote à ces participants, mais il n'est pas démentiel de penser que, par rectitude politique, on estimerait que leur accord à tous est indispensable.

---

3. On a noté ce phénomène dans la saga de l'accord du lac Meech. Au départ, en 1987, il s'agissait seulement de corriger le traitement injuste et inacceptable subi par le Québec lors du « rapatriement » de la Constitution, cinq ans plus tôt. C'était, a-t-on dit, le *Quebec Round*. À la fin, en 1990, surtout dans la foulée du rapport Charest, plusieurs clauses proposées par d'autres provinces furent ajoutées, certaines édulcorant le projet initial déjà peu exigeant. Après l'échec de l'accord du lac Meech, les discussions ont repris. Cette fois, on introduisit, dans les textes d'où devait naître l'accord dit de Charlottetown, une multitude de nouvelles clauses, un grand nombre d'entre elles concernant les autochtones qui estimaient avoir été négligés dans les pourparlers antérieurs. Inutile d'insister sur le fait que le Québec, préoccupation prioritaire en 1987, ne l'était plus alors. On était entré dans ce qu'on appelait le *Canada Round*.

De la même façon, toujours par rectitude politique, on pourrait vouloir donner satisfaction à divers groupes de pressions (écologistes, féministes, syndicaux, patronaux, culturels, régionaux, etc.) qui auraient évidemment leurs propres modifications constitutionnelles à proposer.

Bref, dans l'état présent des choses, un projet de changement devrait franchir tant d'obstacles politiques, juridiques, techniques et chronologiques qu'il découragerait d'avance toute initiative constitutionnelle novatrice qui pourrait convenir au Québec. Parce que la loi fondamentale actuelle du Canada laisse libre jeu aux tendances naturelles du régime, les auteurs des complications et sinuosités rappelées ci-dessus ne sont probablement pas malheureux d'avoir réussi, pour des générations, à la figer dans sa mouture illégitime de 1982.

Le statu quo se maintiendra tant et aussi longtemps que le gouvernement québécois continuera de recourir à des moyens qui n'ont donné aucun résultat.

Ainsi, depuis 1960 pas plus qu'avant, aucun gouvernement du Québec, fédéraliste ou souverainiste, n'est parvenu à infléchir de manière permanente la dynamique du régime. Sur certains dossiers fiscaux, administratifs ou techniques, il y a eu des négociations réussies, comme celles menées par le gouvernement Lesage il y a trente-sept ans. Elles valurent au Québec ses seuls — ses derniers — gains d'envergure, mais il n'en est pas résulté une réorientation du régime, dont les tendances sont demeurées inchangées.

Dans sa partie la plus récente, cette longue période a pourtant été jalonnée de vastes pourparlers constitutionnels, entrepris, affirmait-on officiellement, pour répondre aux aspirations du Québec, mais en réalité détournés de cet objectif en cours de route : ceux de 1968-1971 (qui aboutirent à l'échec de Victoria) ; ceux de 1977-1979 (qui ne menèrent nulle part) ; ceux de 1980-1981 (qui se terminèrent par l'imposition au Québec, en 1982, de la Constitution « rapatriée », mais au préalable modifiée par le Parlement britannique selon les souhaits d'Ottawa et des autres provinces, et en dépit de l'opposition ferme de l'Assemblée nationale du Québec) ; ceux de 1987-1990 (qui conduisirent au rejet de l'accord du lac Meech) ; et ceux de 1990-1992 (qui furent couronnés par la faillite de l'accord de Charlottetown).

Outre trois référendums, dont deux sur la souveraineté (1980 et 1995) et un, pancanadien, sur l'accord de Charlottetown en 1992, les trente ou quarante dernières années virent aussi une prolifération de mémoires québécois soumis aux conférences fédérales-provinciales des premiers ministres, de commissions d'enquête (Laurendeau-Dunton, Pepin-Robarts, Bélanger-Campeau, Beaudoin-Dobbie), de colloques universitaires, de réunions spéciales, d'études techniques, de publications, de prises de position unanimes ou presque de l'Assemblée nationale du Québec, de discours d'élus québécois, d'éditoriaux, d'émissions radiophoniques et télévisées, de discussions sur les programmes constitutionnels des partis, etc.

Or, le Québec, qui « jouit » toujours du même statut, est toujours aussi vulnérable et, depuis le « rapatriement » de 1982, la situation est devenue plus préoccupante qu'elle ne l'était autrefois.

Doit-on se surprendre de l'insuccès des efforts québécois, constants, mais à l'évidence infructueux, pour obtenir des moyens d'action et des garanties exclus par le statu quo constitutionnel ? Pas vraiment :

- Comment penser que les neuf autres provinces auraient pu souscrire aux changements demandés par les *politiciens* de la dixième, elles qui redouteraient alors que les pouvoirs de cette province, en l'occurrence le Québec, n'augmentent et que celle-ci n'en profite ensuite pour se distinguer davantage des autres ou, étant mieux équipée qu'elles, les concurrencer plus efficacement ?
- Comment croire qu'Ottawa, simplement parce que des *politiciens* québécois le souhaitaient, aurait pu laisser le Québec devenir puissant au point de contrecarrer, sur son territoire, des politiques fédérales qu'auraient désirées les neuf autres provinces ou auxquelles elles seraient volontiers restées soumises ?
- En vertu de quel altruisme le Canada anglophone, majoritaire, aurait-il accepté de transformer un régime fédéral qui lui convient et de l'adapter aux desiderata, équivoques à ses yeux, des *politiciens* de la province francophone, minoritaire, d'autant que ces *politiciens,* comme pour rassurer leurs homologues, affichaient du même souffle leur attachement indéfectible au fédéralisme et se déclaraient d'avance hostiles à toute voie qui s'en écarterait ?

Une leçon se dégage de l'expérience vécue par le Québec dans ses efforts pour réformer le présent régime fédéral : si jamais son gouvernement, quel qu'il soit, reprenait le *même genre de croisade* que celle de ses prédécesseurs et *avec les mêmes moyens,* pour l'essentiel des réclamations de *politiciens,* il recevrait certes des réponses d'Ottawa et du reste du Canada, mais, quelle que soit la forme de ces réponses, ce serait toujours aux mêmes aspirations québécoises qu'on opposerait les mêmes refus.

> À défaut d'une transformation du présent régime fédéral, et parce que le temps et la dynamique du régime jouent contre eux, seule la souveraineté pourrait durablement préserver les Québécois de la minorisation politique en cours.

Peu importe les partis ou les politiciens qui y détiennent le pouvoir, ce n'est donc pas du Canada anglais que peut surgir un « renouvellement du fédéralisme » aussi étendu que celui traditionnellement réclamé par les autonomistes québécois. Compréhensible : le système actuel lui paraît globalement adéquat et, prime supplémentaire, il conduit tranquillement à la stérilisation politique ultime des Québécois, traditionnels empêcheurs de danser en rond. Que peut-il désirer de mieux et pourquoi changerait-il un état de fait qui le favorise ?

Les Canadiens anglais, complexés par rapport aux USA et mal assurés de leur identité, semblent avoir besoin du Québec pour se différencier des Américains, mais, en même temps, le voudraient résigné et sans aspirations dérangeantes.

Au fond, le reste du Canada, Ottawa compris, ne demanderait pas mieux qu'en désespoir de cause les Québécois se rallient au régime tel qu'il est *(as is)*, qu'ils en acceptent de bon gré, en les subissant s'il le faut et en rouspétant s'ils y tiennent, les conséquences décrites plus haut. Il ne leur offre plus rien d'autre que la confirmation du statu quo constitutionnel agrémenté, si c'est vraiment nécessaire, d'ententes administratives ponctuelles respectant l'« égalité des provinces » et, évidemment, révocables.

Le message est à peu près celui-ci : « Voilà ! Et si cela ne vous convient pas, partez si vous pensez en être capables, si vous l'osez et si nous vous laissons faire »…

Les termes de la « solution » ainsi définis, il ne reste effectivement plus, aux Québécois, que le renoncement ou la souveraineté.

Les conditions de la lutte

Non seulement le fédéralisme actuel exerce des effets politiquement délétères sur le Québec, mais jusqu'à maintenant, Ottawa et les autres provinces ont fait obstacle à toute réforme qui aurait pu en corriger ou en infléchir durablement la dynamique.

Dans cette perspective, seule la souveraineté ferait disparaître les menaces que le présent régime fait peser sur le Québec et lui assurerait les outils dont la mondialisation croissante rend le besoin encore plus criant. Mais les Québécois n'ont pas, jusqu'ici, opté majoritairement pour cette voie.

Qui plus est, pour les raisons examinées dans cette seconde partie du livre, ils peuvent continuer à y demeurer réfractaires. D'où la nécessité de réfléchir sur la conduite à suivre s'il se révélait impossible de tenir un « référendum gagnant » sur la souveraineté. Ce sera l'objet de la troisième partie.

III

Difficile, la souveraineté?

Chacun connaît certaines personnes qui jugent plus « reposant » de confier à d'autres la direction de leurs affaires plutôt que d'assumer elles-mêmes leurs responsabilités.

Le phénomène serait inusité, mais il pourrait en être ainsi pour certains peuples. Car — par analogie avec le cas des personnes réconfortées par leur dépendance — un peuple qui accepte de laisser la défense de ses propres intérêts à des autorités politiques extérieures à la sienne « s'épargne » des problèmes et des choix difficiles : il n'a pas à s'occuper de son avenir, d'autres prenant ce soin à sa place !

Si le blocage du régime actuel a énormément contribué à la naissance et à la vitalité de l'aspiration souverainiste, il reste que l'accession du Québec à la souveraineté n'est pas un processus « reposant ». Elle oblige à contourner des écueils internes et externes. On aurait tort d'en exagérer les aspérités, mais le réalisme force à ne pas les oublier puisqu'elles influencent les choix d'une portion non négligeable de l'électorat.

> Pour accéder à la souveraineté, le Québec devra suivre la voie, plus ou moins longue, que sa situation particulière lui indiquera.

Au cours de l'histoire et tout récemment encore, chaque pays présentement souverain est parvenu à ce statut par sa voie propre, souvent d'une manière bien différente de celle adoptée par les autres. Qu'on pense aux États-Unis, à l'Europe du XIXe siècle, au Canada des années 1920, aux anciennes colonies britanniques, françaises ou portugaises de l'Afrique et, plus récemment, aux républiques de l'ex-URSS, à la République tchèque et à la Slovaquie. Parfois, le processus a été long, cahoteux et pénible, alors que pour d'autres peuples l'évolution s'est faite sans trop de heurts ou s'est effectuée en plusieurs étapes. Dans certains cas, il s'agissait de nations parvenues à un stade avancé de développement ; dans d'autres, elles n'avaient pas encore atteint l'ère industrielle.

Même si l'on compte près de deux cents pays souverains de par le monde, il n'existe pas de processus standard, de modèle préétabli, de « plan directeur » d'accession à la souveraineté qu'on aurait appliqué un peu partout et qu'il suffirait au Québec de suivre parce que s'y trouverait, toute prête, la « recette » politique qui lui conviendrait. Sa « recette », il doit l'inventer lui-même en partant de sa propre situation et, en cours de route, l'adapter aux circonstances.

> La croissance et le maintien du sentiment souverainiste exigent une mobilisation populaire dont les conditions favorables sont rarement réunies en même temps ; quand elles le sont, elles ne durent pas

nécessairement longtemps ; et elles ne surviennent pas sans raison valable.

L'adhésion des Québécois à la souveraineté peut s'accroître lorsqu'ils perçoivent un danger imminent ou qu'ils subissent un revers causé par Ottawa ou le reste du Canada, comme au moment du rejet de l'accord du lac Meech (juin 1990). En toute autre occasion, en l'absence de crise ou de fait médiatiquement percutant, l'appui à la souveraineté stagne ou même s'étiole parce qu'il s'avère alors difficile de mobiliser les Québécois et même de les sensibiliser au danger de « minorisation tranquille » noté plus haut.

Les plus ardents guerriers du statu quo le savent. Depuis le temps de Duplessis, ils ne se gênent pas pour alléguer que les dirigeants québécois nourrissent des inquiétudes que le bon peuple ne partage pas. Lorsque des conflits éclatent, leur théorie officielle est qu'on fait face à des difficultés normales de parcours qu'un peu de flexibilité de la part du Québec suffirait à résoudre. Il n'est pas facile d'alerter la population quand on la convainc de penser — ou qu'elle préfère croire — qu'il n'y a pas matière à alerte.

Reste la voie activiste selon laquelle un gouvernement péquiste pourrait agir de telle manière qu'apparaîtraient au grand jour les contradictions et les lacunes du régime. Si l'activisme s'exerce dans le sens d'une information publique plus adéquate, il est légitime, souhaitable et nécessaire. Mais le gouvernement sait qu'il serait contre-productif de créer des tensions qui n'existeraient pas autrement ou de les aggraver par des prises de position tactiques, surtout conçues pour indisposer Ottawa ou le reste du Canada et provoquer des refus et des rejets de leur part ; la population verrait vite ces gestes comme des machinations partisanes. Elle en penserait autant de toute réclamation factice, frivole ou utopique qui serait mise de l'avant dans le seul but d'embarrasser les fédéralistes et de générer ainsi, à partir de leurs réactions négatives, une hausse du sentiment souverainiste.

Il existe une formidable coalition d'intérêts, déjà active, qui, sitôt qu'elle en sentira le besoin à la veille d'un prochain référendum, mettra tout en œuvre non seulement pour empêcher la souveraineté du Québec, mais aussi pour conserver le statu quo.

La quasi-victoire du Oui lors du référendum de 1995 a révélé, chez les Québécois, un mécontentement indéniable envers les tendances du présent régime. On aurait donc pu s'attendre à ce que des propositions de réformes jaillissent de divers quartiers au sein d'un Canada anglais éveillé comme jamais aux dangers du statu quo. Ou encore qu'elles viennent du gouvernement central, particulièrement des élus libéraux du Québec, dont le devoir élémentaire eût été de sensibiliser leurs collègues à la situation. Mais non.

Il fut question d'un certain Plan A qui devait censément contenir une copieuse provision de corrections à apporter au fonctionnement du régime, mais qui se révéla être une sorte d'ectoplasme politique. Il n'en sortit qu'une déclaration du Parlement d'Ottawa sur le caractère distinct du Québec, vœu pieux libellé de telle manière qu'il ne puisse pas avoir de conséquences concrètes ; il n'en eut d'ailleurs aucune. On inventa aussi un droit de veto provincial (voir le chapitre II). Ces « courageux » efforts furent suivis, un peu plus tard, d'une autre déclaration, dite déclaration de Calgary, dans laquelle les provinces anglophones faisaient état de bonnes intentions apparentes, mais aussi vagues que dénuées d'impact possible.

Cédant à la panique rétrospective, les stratèges du Non se consacrèrent plutôt à un Plan B fondé sur la volonté de maintenir à tout prix le statu quo et sur la répression des velléités québécoises souverainistes ou même trop autonomistes à leur goût.

Tout laisse présager que, advenant un autre référendum sur la souveraineté, la lutte revêtira pour eux des allures de guerre sainte. Plus étroitement encore, s'allieront alors, sous l'égide des fédéraux pour qui ce sera le combat du millénaire, les gouvernements et la population des autres provinces, les gens d'affaires du reste du Canada et leurs associés québécois, les médias canadiens-anglais, les anglophones et les autochtones vivant au Québec, le PLQ à qui les libéraux d'Ottawa interdiront de faire autrement (d'ailleurs, en aurait-il envie ?), la plupart des médias québécois et les minorités francophones qu'on s'évertuera encore à persuader que leurs droits croîtront et seront mieux assurés, dans la mesure où le Québec, leur point d'appui historique, restera fragile.

En même temps qu'on vantera en termes dithyrambiques la grandeur, la générosité et les beautés du Canada, pays commun aux Canadiens de toutes origines ethniques, animés, assurera-t-on, d'une tolérance et d'une ouverture d'esprit sans pareilles, les Québécois seront encore l'objet de « déclarations d'amour » patriotiques qu'on verra à garder aussi vagues à l'endroit des intéressés que peu contraignantes pour ceux qui les exprimeront.

Ce qui n'interdira pas le recours aux menaces. Ces dernières seront plus insistantes que celles déjà brandies en 1995. D'anciens « arguments » recyclés et des nouveaux inventés pour les besoins de la cause seront systématiquement exploités et déployés en fonction des tranches de population visées. On en devine les grands thèmes : découpage du territoire, illégalité du processus de sécession, respect obligatoire des « normes de clarté » fédérales, absence de reconnaissance internationale, exode de population, assimilation des « un ou deux millions » de francophones hors Québec, désobéissance civile des anglophones, allophones et autochtones du Québec, fin de l'ALENA pour le Québec, boycott de l'économie québécoise par le reste du Canada, fuite des capitaux, baisse dramatique du niveau de vie, chômage massif, paupérisation galopante, etc.

Les fédéralistes ne se gêneront pas pour dénoncer des lacunes réelles, apparentes ou imaginaires du gouvernement du Québec dans le but de miner sa crédibilité comme instrument collectif (ils se servent déjà des médias pour souligner tout ce qui, à leurs yeux, semble insatisfaisant dans la gouverne des affaires québécoises, mais en taisant soigneusement ce qui va bien).

Ils verront aussi à faire intervenir d'éminentes personnalités étrangères qui, bien que leur propre pays soit souverain, viendront prétendre que la souveraineté, quoique attrayante à première vue, poserait aux Québécois des défis peut-être insurmontables et que, cette formule étant dépassée dans le monde d'aujourd'hui, il ne vaut vraiment plus la peine de la rechercher.

Ils attireront l'attention des médias sur telle étude « scientifique » de telle *think-tank* stipendiée, à Toronto, en Colombie-Britannique ou ailleurs, y compris au Québec, « démontrant » à l'envi que les perceptions des Québécois sont fausses, que leurs élites les ont trompés, que le fédéralisme leur a rapporté des milliards de dollars, bref qu'ils doivent s'estimer heureux de leur sort et que d'indicibles malheurs les attendent avec la souveraineté.

L'offensive sera plus soutenue, plus percutante, plus cynique et, en conséquence, espèrent ses concepteurs, plus efficace que jamais. Pendant le temps qu'il faudra, les Québécois seront matraqués, si l'on peut dire, par une propagande modulée à la lumière de sondages sophistiqués.

Tous les gouvernements et tous les partis hors Québec appuieront d'emblée l'opération et consentiront aux dépenses considérables afférentes, puisqu'il s'agira de défendre des causes sacrées : l'« unité nationale » et l'« avenir du pays ». Jouera en effet la norme de « deux poids deux mesures » qui s'appliquera à la propagande fédéraliste : on n'y investira jamais assez de fonds publics, alors que, bien sûr, celle des souverainistes occasionnera toujours trop de frais.

Interviendra aussi la logique un peu spéciale où on voudra enfermer le gouvernement du Parti québécois. Sous prétexte qu'il n'a pas encore reçu le mandat, par référendum, de réaliser la souveraineté, ses adversaires prétendront qu'il lui est, de ce fait, interdit d'en expliquer la nécessité et les avantages. Point de vue assez tordu : un gouvernement péquiste ne peut pas réaliser la souveraineté sans y avoir été déjà expressément autorisé par la population, mais il est incorrect, pour ce même gouvernement, de consacrer du temps, de l'énergie et des budgets pour informer le public dans le but d'obtenir ladite autorisation. Le fait de ne pas avoir obtenu le mandat de faire la souveraineté lui enlèverait la possibilité de le demander !

L'analyse de la campagne référendaire de 1995 a permis aux tenants du régime d'identifier les failles de leur argumentation, leurs erreurs d'approche, leurs gaucheries et leurs défauts d'organisation. On peut supposer qu'ils ne retomberont pas dans les mêmes travers la prochaine fois, quoique, emportés par leur élan émotif et leur fébrilité, ils risquent d'« en faire trop » et de nuire à leur cause.

> La portée de la souveraineté, en tant que plénitude du pouvoir politique, est, sur le plan concret, différente aujourd'hui (et le sera davantage dans l'avenir) de ce qu'elle était il y a quelques décennies.

Dans le monde qui se façonne sous nos yeux, l'exercice de la souveraineté est (et sera) soumis à des restrictions qui peuvent parfois laisser perplexe, surtout si on raisonne par approximations.

Théoriquement, un État souverain dispose de toute latitude pour agir à sa guise, selon les idéaux et les intérêts qu'il défend. En principe, aucun autre État n'a d'autorité sur lui. Certes, plus il est puissant, plus sa liberté d'action est grande, mais les petits États ont en principe les mêmes pouvoirs que les gros. Telle était la notion qu'on pouvait avoir de la souveraineté il y a cinquante ou soixante ans.

En pratique toutefois, les États, gros ou petits, en sont venus, avec le temps et à cause des progrès dans les transports, les communications et l'information, à découvrir entre eux des similitudes d'intérêt. Ce qui les a conduits à s'entendre avec d'autres États sur une foule de sujets, allant du commerce à la monnaie en passant par l'immigration, la lutte contre le terrorisme ou la drogue, la défense, la protection de l'environnement, la reconnaissance réciproque des diplômes universitaires, etc. Ils n'ont pas, ce faisant, abdiqué leur souveraineté. Ils ont consenti, pour leur propre profit, à l'exercer en fonction de celle des autres et en conjonction avec eux. Ils ont signé des ententes multilatérales et librement accepté des contraintes qui, chose jusque-là impensable, affectaient même l'exercice de leur souveraineté interne.

Parce qu'aucun n'est en mesure d'y arriver seul, les États

sentiront le besoin, au cours des toutes prochaines années, de se concerter encore plus efficacement pour prémunir leurs populations contre les excès des multinationales et contre des activités illégales ou portant atteinte aux droits fondamentaux de la personne.

À terme, donc, de plus en plus d'États exerceront leur souveraineté en coopération avec un nombre croissant d'autres États, dans de plus en plus de domaines. Ils délégueront même l'exécution de cette tâche à des organismes supraétatiques qu'ils auront créés.

On en arrive ainsi à une situation où, aujourd'hui (et demain encore plus), l'exercice de la souveraineté consiste souvent, pour les États, à déterminer dans quels domaines il leur serait opportun d'accepter, en accord avec les autres, des limites à leur marge effective de manœuvre individuelle, dans l'espoir de créer, par des actions conçues en commun et orientées vers les mêmes objectifs, une situation qui leur soit mutuellement plus favorable sur le plan de l'économie, de la défense, de l'exploration spatiale, de la culture, etc.

D'un point de vue simpliste, on pourrait conclure que les États déjà souverains s'entendent tous pour se départir graduellement de leur souveraineté ou, plus exactement, pour souffrir des restrictions à son exercice. En un certain sens, oui, en échange d'avantages nouveaux, mais voyons de plus près :

- La tendance à la formation de grands ensembles (par exemple, l'Europe) et aux actions concertées ne signifie pas que la puissance relative des États ne joue plus. Les États forts (on pense ici aux USA) restent capables, comme ce fut toujours le cas, d'imposer parfois leur volonté aux autres, mais ils doivent désormais accepter des obligations auxquelles ils auraient refusé de consentir il n'y a pas si longtemps et qui sont de nature à freiner tôt ou tard leurs ambitions impérialistes. Ces États forts feront leur possible pour instaurer dès le départ les contraintes qui leur seront les moins préjudiciables, mais, quoi qu'ils fassent ou qu'ils veuillent, ils ne seront pas seuls ; parce qu'ils tiennent à se les associer, il leur faudra tenir compte des aspirations des autres États.

• La tendance ne signifie pas non plus qu'on se dirige vers une uniformisation inévitable des cultures, voire des langues, où les petites nations seront fatalement absorbées par les grandes, et, un jour, celles-ci par la plus puissante. C'est plutôt à un phénomène inverse qu'il faut s'attendre, car l'humanité est comme un arbre : son tronc grandit à mesure qu'il croît, mais chacune des branches se distingue davantage des autres. Il n'existe à l'heure présente, ni n'existera dans un avenir prévisible, aucune « branche » de l'humanité qui soit prête à fusionner avec telle autre « branche » et à disparaître comme entité. Partout sur la planète, on assiste plutôt au phénomène contraire (Kurdistan, Palestine, Kosovo, Timor oriental, pour les cas les plus spectaculaires, mais il y en a des dizaines d'autres, moins médiatisés, tout aussi probants). Se sentant à tort ou à raison plus menacées qu'avant, les cultures particulières réagissent en cherchant à se singulariser davantage. Il faut aussi penser que la nation, qui est quasi toute-puissante aujourd'hui, ne le sera peut-être plus demain et certainement pas après-demain.

• Les nations s'affirmeront et réaliseront d'autant mieux leurs potentialités qu'elles disposeront de moyens et de leviers pour défendre elles-mêmes leurs propres intérêts et pour contrebalancer les pressions extérieures qui pourront s'exercer sur elles. Ces moyens et leviers sont de plusieurs ordres (richesse, démographie, savoir, etc.), mais le plus stratégique demeure le pouvoir politique à cause des lois qu'il peut promulguer, des institutions qu'il peut créer et de la protection qu'il peut offrir. Quoique limité pour les raisons qu'on sait, ce pouvoir permet d'agir sur les autres ordres. Il donne aussi une cohésion à la nation en encourageant ou en facilitant l'expression de sa spécificité. Malgré les contraintes de la mondialisation et les limitations de souveraineté qu'elles entraînent, aucun État n'en a encore sottement déduit qu'il peut sans risque se départir de son pouvoir politique sous prétexte que celui-ci ne serait plus pertinent.

Aucun pays étranger ne favorise a priori la souveraineté du Québec.

Si on la compare à maints autres problèmes beaucoup plus criants, la situation des Québécois n'émeut pas beaucoup de monde à l'étranger. Comme pays, le Canada y est l'objet d'une grande considération, alors que le projet souverainiste, dont on saisit mal les motifs (le Québec est économiquement avancé et vit dans un régime démocratique, de quoi se plaint-il ?, se dit-on), y est mal compris, par exemple aux USA, voisin du Québec. Ce projet est même mal vu dans certains pays multiethniques, où on assimile le cas québécois à un problème tribal du genre de ceux avec lesquels ils sont aux prises. Et le gouvernement fédéral dispose, dans le monde entier, de tout un réseau d'ambassades et de consulats qui a, entre autres missions, celle d'interpréter l'évolution interne du Canada (et, le cas échéant, un résultat référendaire ou la marche des négociations) dans une optique résolument pro-Ottawa.

Dans l'immédiat, aucun des pays actuellement existants ne profiterait, sur le plan économique ou politique, de l'accession du Québec à la souveraineté. Ils n'y voient pas pour eux d'avantage si évident de prime abord qu'ils seraient intéressés à en encourager la concrétisation. Cela ne signifie pas qu'ils la combattraient, encore que, devant le nombre élevé de peuples encore non souverains et vu l'effet de domino possible, on peut penser que les États déjà indépendants restent peu enclins à agrandir indéfiniment leur « club » en considérant avec faveur toute nouvelle candidature et en accueillant automatiquement parmi eux quantité de nouveaux partenaires.

Il ne faut pas non plus trop compter sur ces pays pour s'indigner, le cas échéant, des pratiques antidémocratiques ou des comportement cyniques possibles de la part d'Ottawa lors d'un prochain référendum.

Quant à la France, sympathique aux Québécois, son désir de les accompagner « quelle que soit la voie qu'ils emprunteront » ne fait pas de doute, mais elle préférerait peut-être, du moins pour l'avenir prochain, ne pas avoir à affronter l'éventualité de la souveraineté du Québec.

IV

Tendances lourdes

Les grands courants de l'opinion publique québécoise n'ont rien de mystérieux. Pour les découvrir, il suffit de connaître un peu l'histoire, d'analyser les sondages des dernières années et de tirer les leçons des expériences électorales et référendaires.

À l'opposé de ce qu'on voit chez d'autres peuples, il n'existe pas chez les Québécois d'aspiration historique à l'indépendance qui serait née de longue date, que leur évolution politique ultérieure aurait confirmée et à laquelle, par intérêt, fidélité ou tradition, ils adhéreraient spontanément.

Si les Québécois, notamment ceux de langue française, s'inquiètent de la façon dont fonctionne le régime, ils ne perçoivent pas pour autant leur situation au sein du Canada comme étant assez révoltante ou suffisamment troublante dans l'immédiat pour les motiver, par réaction naturelle, à conquérir leur souveraineté dans n'importe quelles conditions et à n'importe quel prix. Contrairement à ce qu'on observe chez d'autres peuples non souverains, ils ne se sont pas, historiquement et de façon constante, fixé l'indépendance nationale comme objectif dont la réalisation paraîtrait essentielle à leur survie. Si tel avait été le cas, la souveraineté se serait déjà accomplie à un moment ou à un autre pendant la trentaine d'années qui se sont écoulées depuis la fondation du PQ.

Il ne découle pas de l'absence d'une longue tradition historique indépendantiste qu'elle interdise le choix de la souveraineté par les Québécois. Pas plus, du reste, que l'existence d'une telle tradition, chez d'autres peuples, n'entraîne pour eux l'avènement inévitable de la souveraineté. Chaque situation est particulière et bien des facteurs jouent.

Les Québécois de langue française restent, à divers degrés, attachés au Canada.

L'attachement (relatif) des Québécois de langue française au Canada, comme entité géographique, est explicable : ils estiment en effet que ce pays a été fondé par leurs ancêtres et ils ne nourrissent pas de haine envers lui.

Si bien qu'une des lignes d'attaque des fédéralistes a été d'exploiter ce sentiment et de prétendre que la souveraineté du Québec serait contre nature. Elle équivaudrait, ont-ils affirmé en confondant à dessein fédéralisme et Canada, à se lancer dans la construction pleine d'embûches d'un nouveau pays incertain, à côté de celui, prospère, qui existe déjà et sur lequel, l'ayant reçu en héritage de leurs prédécesseurs, les Québécois détiennent des droits de propriété. À quoi les fédéralistes ajoutent, pour faire bonne mesure, que le généreux Canada verse au Québec des milliards de dollars en péréquation. On serait donc, selon eux, devant l'étrange cas d'un peuple qui renoncerait à son vaste patrimoine en échange d'un objectif politique d'ordre hypothétique qui l'atrophierait géographiquement.

Nuance, cependant. Le Canada envers lequel bien des Québécois ressentent une inclination est souvent le pays que leurs ancêtres espéraient pouvoir construire et non celui d'aujourd'hui, qui, dans les faits, à cause du régime, correspond de moins en moins à l'image qu'ils s'en font.

Les Québécois de langue française sont davantage portés à se défendre qu'à attaquer.

Il existe un autre trait qui n'a en soi rien de péjoratif, mais qui est propre aux peuples minoritaires. Bien que favorables à l'accroissement de leurs moyens d'action collectifs, les Québécois de langue française restent en général réticents à réclamer des leviers qu'ils ne possèdent pas comme société, lorsqu'ils savent que ceux-ci sont sous le contrôle de centres de décision externes : sociétés multinationales, capitalistes étrangers ou gouvernement fédéral. De peur d'indisposer les détenteurs, supposés redoutables, de ces leviers, une bonne fraction des Québécois préféreraient, s'ils pouvaient par chance procéder autrement, ne pas avoir à faire les gestes nécessairement liés à toute revendication. Ce trait, historiquement vérifiable, est heureusement moins marqué aujourd'hui qu'il ne l'était avant la Révolution tranquille, mais il en subsiste encore assez de séquelles psychologiques pour que la présente réflexion les retienne comme composantes, au moins en toile de fond, de la réalité.

En revanche, les Québécois ont toujours résolument été disposés à protéger ce qu'ils croient être leurs acquis et à faire reconnaître ce qu'ils estiment leur revenir. En ce sens — c'est en dernière analyse ce qu'il faut retenir comme comportement non pas unanime, mais assez répandu pour qu'il soit utile de le signaler — ils sont davantage défensifs qu'offensifs. Le discours classique sur la « défense et la promotion des droits du Québec » a encore, avec raison, des résonances chez nous. À cet égard, la nationalisation de l'électricité, qu'on pourrait, vue d'aujourd'hui, interpréter à l'encontre de ce qui précède comme une agression contre de puissants capitalistes anglophones, a en fait été présentée à l'électorat de 1962 comme la reprise en mains, par les Québécois, d'outils économiques vitaux qu'on leur aurait en quelque sorte subtilisés et qui devaient normalement leur appartenir. Qu'on se souvienne des slogans de l'équipe Lesage : « Maîtres chez nous » et, surtout, « Rendez au peuple du Québec ce qui appartient au peuple du Québec ».

Toujours dans la veine « défensive », on observe aussi, chez les Québécois, une volonté de sauvegarder leur spécificité, par exemple, en se donnant des institutions originales ou en s'appuyant sur des lois linguistiques, procédé qui n'a tout de même été accepté qu'après une longue évolution : certains ont longtemps craint qu'on risque ainsi de porter atteinte aux droits acquis des minorités vivant sur leur territoire. En réalité, les Québécois sont bien plus tolérants et ouverts que ne veulent, injustement et contre l'évidence, le faire croire ceux qui les accusent de chercher à écraser les non-francophones.

> On observe une corrélation inverse entre la possibi-
> lité plus ou moins prochaine de la souveraineté et
> l'adhésion populaire à celle-ci.

Les sondages l'ont toujours dit : plus paraît proche le
« risque » que la souveraineté puisse matériellement se réaliser, moins est prononcé l'appui dont elle jouit à des moments
où ce « risque » est absent, par exemple quand il n'y a ni campagne référendaire ni élections prochaines. Réflexe qui n'est
sûrement pas l'indice d'un préjugé indépendantiste inébran-
lable…

Rappelons que la victoire du Parti québécois en 1976 a
été due en bonne partie à la dissociation qu'il avait faite entre
le processus électoral, qui consiste à choisir un gouvernement, et la voie référendaire, dont le but est de changer la
nature de l'État. Le PQ offrait ainsi à la population une proposition qui lui plaisait : placer une formation souverainiste à
la gouverne du Québec sans avoir, du même coup, à opter
pour l'indépendance, cette question devant être résolue plus
tard lors d'une consultation spécialement organisée à cette
fin. En 1981, le PQ a été reporté au pouvoir largement à cause
de son engagement à respecter la réponse négative du référendum de mai 1980.

En d'autres termes, élu en 1976 parce qu'il avait promis
un référendum, il a été réélu en 1981 parce qu'il avait promis qu'il n'y en aurait pas !

Plus près de nous, pendant la campagne électorale de
l'automne 1998, les libéraux provinciaux ont eu un certain
succès en affirmant que la réélection du PQ entraînerait fatalement un autre référendum. L'argument a été contré par
l'engagement du PQ à ne le tenir que dans des conditions

gagnantes[1]. Promesse qui a probablement porté des électeurs à conclure qu'il n'y en aurait pas de sitôt et que, par conséquent, ils pouvaient se permettre de réélire une formation souverainiste.

Il demeure encore facile de détourner bon nombre de Québécois du projet souverainiste pour peu qu'on leur en fournisse un prétexte.

À preuve, l'engouement pour l'accord du lac Meech à la fin des années 1980. Quant à l'accord de Charlottetown, qui était encore moins acceptable, il aurait dû être carrément rejeté par les Québécois lors du référendum pancanadien de 1992 ; il le fut moins que dans d'autres provinces, des électeurs du Québec choisissant d'y voir l'« amorce d'une solution » ! Il s'est même trouvé des leaders d'opinion québécois pour prétendre en 1997 que la déclaration de Calgary, qui n'engageait personne à rien, contenait en substance les dispositions qu'il fallait pour combler les aspirations du Québec, ou qu'elle constituait à tout le moins un « bon point de départ » ! Pensons aussi à l'éphémère effet Charest au printemps 1998.

Le score électoral décevant du PQ en novembre 1998 est un autre indice qui porte à réfléchir : une population qui voudrait vraiment la souveraineté ne choisirait-elle pas en bloc, sans hésiter, le parti qui la propose ? Des électeurs favo-

---

1. *Conditions gagnantes* : situation où les électeurs sont nettement disposés à opter pour la souveraineté-partenariat.

rables à ce parti ne s'abstiendraient pas de voter, comme c'est arrivé, parce que les sondages les ont convaincus de sa victoire assurée ; l'heureuse issue annoncée devrait plutôt les pousser à le confirmer davantage en prenant la peine de se déplacer pour ajouter leurs propres votes à ceux des autres. Quant à la proportion du vote total obtenue par le Bloc québécois aux élections fédérales de novembre 2000, elle n'annonce pas qu'une nette majorité de citoyens favorables à la souveraineté soit sur le point de se dégager.

Dans les années qui viennent, on se demandera fréquemment à quel moment au juste Jean Chrétien démissionnera ; il a lui-même fait allusion à son départ. Il n'est pas exclu qu'un nouveau leader libéral fédéral séduise des Québécois grâce à un vague engagement constitutionnel, ou simplement parce que, succédant à Jean Chrétien, il paraîtrait moins antipathique que lui.

Même si on n'a pas réussi à le mettre en œuvre, entre autres raisons parce qu'il n'a jamais été une solution opérationnelle, le « fédéralisme renouvelé » tant vanté comme voie d'avenir entre 1970 et 1990 a aussi eu son indéniable ration de succès auprès des Québécois. Pas étonnant : non seulement, comme on l'a vu, il ne signifiait pas la même chose au Québec que dans le reste du Canada, mais c'était un objectif à géométrie variable regroupant aussi bien les retouches mineures ou cosmétiques souhaitées par les uns que les changements plus conséquents, incompatibles avec les premières, désirés par les autres, ainsi que toutes les propositions qui pouvaient se situer entre les deux. Son caractère fourre-tout a permis à bien des gens d'y trouver ce qu'ils y cherchaient (ou ce qu'ils y apportaient), d'où la préférence spontanée dont cette « option » aux facettes indéfinies a régulièrement joui dans les sondages. Tout cela souligne surtout que la souveraineté n'était pas le premier choix des Québécois.

Le « fédéralisme renouvelé » a-t-il encore, aujourd'hui, un pouvoir d'attraction ? Comme « option » formelle, désignée par les mêmes termes qu'autrefois, probablement pas, quoiqu'il ne faudrait pas trop parier là-dessus. En tout cas, il survit toujours dans divers avatars plus ou moins costauds qui ont été inventés pour nourrir l'espoir de ces Québécois désireux qu'« on en finisse enfin », mais qui, comme « solutions », s'inspirent de la vision *Canadian* du fédéralisme et restent carrément illusoires : arrangements administratifs (révocables[2]), cogestion fédérale-provinciale (sous le leadership du gouvernement central), union sociale (telle que définie par Ottawa) ou concertation interprovinciale (toutes les provinces étant « égales »)…

Le référendum d'octobre 1995 s'est tenu dans d'excellentes conditions pour les souverainistes : leader charismatique (Lucien Bouchard), accent sur le partenariat (qui a attiré des électeurs autrement portés vers le Non), appui de l'ADQ, mauvaise campagne fédéraliste, etc. Ces facteurs, pourrait-on penser, auraient dû assurer la victoire du Oui. Ce ne fut pas le cas, malgré un résultat bien plus encourageant que celui de mai 1980. Il est sûr qu'encore beaucoup d'élec-

---

2. Il existe au Canada une tradition bien établie de modification unilatérale des pratiques en vigueur, dès qu'elles ne plaisent plus à la majorité canadienne-anglaise. Pour ne citer que quelques exemples, cela va de l'abolition, à la fin du XIXe siècle, des droits des francophones en Ontario et au Manitoba, à l'opération constitutionnelle de 1980-1982, qui niait la dualité canadienne, pour aboutir au *Clarity Act* du printemps 2000, conçu pour imposer au Québec des règles référendaires différentes de celles qu'Ottawa avait jusque-là acceptées. Sur ce phénomène ainsi que sur les tendances intrinsèques du fédéralisme *Canadian*, voir, du même auteur, *La Dérive d'Ottawa*, Boréal, 1998.

teurs optèrent pour le Non parce qu'ils tenaient, entre autres motivations, à croire qu'il suffisait d'un peu d'efforts et d'une dose supplémentaire de bonne volonté pour mettre enfin le Québec et le reste du Canada d'accord sur le fait qu'ils pourraient « ensemble, faire quelque chose ».

Il subsiste toujours une fraction importante de l'électorat aux yeux de qui le Parti québécois, en préconisant la souveraineté, semble vouloir régler le problème Canada-Québec par une solution de dernier recours, sans avoir épuisé toutes les autres ; il commencerait, croit-on, par la fin, ou plus exactement par l'application d'un remède politique extrême, négligeant de la sorte toutes ces voies intermédiaires dont, sans pouvoir les identifier, bien des gens croient à l'existence.

Cette portion du public tient invariablement à « donner une dernière chance au fédéralisme » et aimerait bien qu'on lui propose une issue autre que la souveraineté, même liée au partenariat. Son attitude provient des raisons déjà relevées (en particulier du sentiment qu'aucune menace n'est imminente) et d'un fait normal : les citoyens, qui ont d'autres sujets de préoccupation, ne suivent pas tous assidûment l'évolution du débat Québec-Canada et ne sont pas familiers avec les arcanes de la politique fédérale-provinciale. Rien ne les oblige à garder en mémoire les infructueuses tentatives constitutionnelles depuis 1960, ni les statistiques démographiques du Canada, ni les promesses trompeuses d'Ottawa en 1980, ni le coup de force anti-Québec qui s'en est suivi, ni la course à obstacles que réserve l'actuelle procédure d'amendement à qui croirait pouvoir s'en servir pour « renouveler » le fédéralisme.

Si bien que lorsque le PQ leur propose son option, celle-ci leur paraît pour l'instant trop radicale, étant donné, croient-ils, que « la situation n'est pas si grave », que « les politiciens n'ont pas tout essayé », que « les gouvernements n'ont pas encore fait tout ce qu'il serait possible de faire ».

> Il est très peu probable, sinon impossible, qu'un référendum qui porterait sur l'indépendance *totale* du Québec (c'est-à-dire sur la « séparation » d'avec le Canada sans association/partenariat) obtienne une réponse majoritairement positive des Québécois.

L'évolution de l'opinion publique québécoise pendant les quarante dernières années démontre que l'appui populaire à la « séparation » complète n'est pas et n'a jamais été majoritaire, et tout laisse deviner qu'il ne le sera jamais. D'ailleurs, aucun parti sérieux, à commencer par le PQ, ne propose cette voie. Curieuse coïncidence : c'est précisément celle (on expliquera pourquoi plus loin) que les stratèges d'Ottawa voudraient forcer le PQ à prendre !

Les Québécois se résoudraient peut-être en désespoir de cause à emprunter cette voie si, aux prises avec une situation désespérée, ils comprenaient que leur existence, comme entité nationale, est ouvertement et immédiatement menacée, mais il va de soi que les responsables fédéralistes sont assez intelligents pour savoir qu'il n'est pas nécessaire d'en arriver à cette extrémité au Canada. La minorisation politique du Québec en cours, sous-produit inéluctable des règles constitutionnelles et des pratiques en vigueur dans le présent régime, s'effectue lentement mais sûrement, la plupart du temps en douceur, par tranches ou « par étapes » si l'on veut, presque à l'insu de la population.

> Pour être acceptable aux Québécois, la souveraineté doit s'accompagner d'une association (ou partenariat) avec le Canada.

C'est entendu : la souveraineté pourrait techniquement se faire sans aucun partenariat avec le Canada, mais le Québec devrait alors remplacer les avantages évidents de rapports naturels avec son voisin par ceux, problématiques, d'une éventuelle association avec d'autres pays (en présumant que ces autres partenaires possibles, qui n'ont pas en ce moment de liens formels avec lui, consentent à en créer).

Il reste que l'immense majorité des Québécois tient, simple question de bon sens, à conserver avec le Canada des rapports d'association. Une donnée incontournable que comprennent et qu'acceptent très bien la plupart des souverainistes qui, eux non plus, ne souhaitent pas une rupture complète des liens entre le Québec et le Canada.

Leurs porte-parole les plus autorisés ont eux-mêmes, en réponse aux interrogations et aux inquiétudes nées des calomnies de leurs adversaires, démontré qu'ils n'envisageaient pas l'indépendance totale, sans liens particuliers avec le Canada (voir plus bas les précisions apportées au fil des ans à ce sujet : monnaie commune, etc.), et René Lévesque lui-même évoquait déjà, en 1979, la « souveraineté avec trait d'union ». La manière dont certains parlent de l'association avec le Canada — utile, mais on pourrait s'en passer… — a cependant parfois obscurci un message qu'on avait essayé de clarifier en mettant de l'avant la notion de partenariat.

Les sondages, sans exception, ont toujours révélé des différences importantes d'appui selon que le projet souverainiste s'accompagnait ou non de l'association (ou du partenariat). Par contre, la composante associative ne garantit pas forcément une adhésion majoritaire. On l'a vu en 1980 alors que le référendum portait sur la souveraineté-association (et ne requérait qu'un mandat de négocier), ainsi qu'en 1995 où il portait sur la souveraineté-partenariat.

Les souverainistes désireux de laisser tomber le volet

partenariat de la proposition actuelle du PQ, à cause, selon eux, de la possibilité de refus qu'il donnerait au reste du Canada, font un aveu involontaire. En soutenant que ce refus (hypothétique) menacerait la réalisation de la souveraineté, ils admettent que les Québécois tiennent assez au partenariat pour que, sans celui-ci, celle-là les attire moins. Ils confirment la constatation précédente.

Si, après tant d'années, les Québécois n'ont pas encore définitivement opté soit pour le régime actuel, soit pour la souveraineté, ce n'est pas à cause de leur ambivalence ou de leur indécision.

Ce n'est sans doute pas demain qu'on cessera d'agiter l'« explication » sommaire et méprisante, couramment véhiculée par des analystes superficiels, selon laquelle les Québécois — entre autres motifs, sous le prétexte ridicule qu'ils descendent des Normands réputés, dit-on, pour leur propension aux réponses ambiguës — souffriraient d'une ambivalence congénitale. Il existerait, chez eux, un insurmontable et déplorable penchant à l'indécision !

Les Anglais, les Français, les Allemands, les Américains (et n'importe quel peuple, n'importe où ailleurs) souffrent-ils d'ambivalence quand ils font des choix électoraux ou référendaires dont les résultats sont serrés ? En quoi donc serait *ambivalent* le citoyen québécois qui vote Oui plutôt que Non lors d'un référendum, ou qui voudrait, dans sa circonscription, l'élection d'un candidat libéral plutôt que d'un représentant du PQ ou de l'ADQ ? Les Québécois n'ont peut-être pas encore décidé *comme peuple,* lorsqu'on additionne leurs votes individuels, de quel côté ils iraient définitivement —

vers la souveraineté ou vers le maintien du régime actuel —
mais, *comme citoyens* donnant leurs votes à tel candidat ou à
telle option, ils font des choix personnels. Ils peuvent se trom-
per, mais quand ils répondent Oui *ou* Non, leur décision n'est
pas ambivalente : le bulletin de vote ne contient pas de
rubrique *Peut-être* pour laquelle ils pourraient opter…

Si on parle si légèrement d'ambivalence, c'est que les
résultats référendaires, surtout en 1995, n'ont pas été massivement favorables soit au Oui, soit au Non, mais est-ce tellement insolite en démocratie ? Au fait, comment l'électorat se
divise-t-il ?

Les mesures d'opinion publique des dernières années
font voir que la langue, l'âge et le niveau d'instruction sont,
dans cet ordre, les principaux facteurs influençant les électeurs dans leur décision concernant l'avenir du Québec. On
peut de là, sans entrer dans toutes les nuances, segmenter la
population en trois catégories :

- celle qui, d'emblée, s'oppose à la souveraineté vue par
elle comme « séparation » (environ 35 % de l'électorat,
comprenant la plupart des anglophones, des allophones et des autochtones, ainsi qu'une fraction appréciable de francophones sincèrement « Canadiens
d'abord » ou plus anxieux, etc.) ;
- celle qui, par conviction innée ou acquise, est fermement favorable à la souveraineté vue par elle comme
indépendance (autour de 30 %, en immense majorité
des francophones) ;
- celle (35 % à peu près) qui peut osciller de l'une à l'autre
option au gré de l'actualité, ou selon l'importance
accordée au partenariat par les porte-parole du Oui, ou
encore qui est influencée par la séquence et la formula-
tion des questions lors des sondages, mais qui, dans le
doute, rejoindra en majorité la première catégorie (à

noter que presque la moitié de ce segment est formée de citoyens qui, souvent, ne vont pas voter aux élections générales, bien qu'ils soient plus assidus pour les référendums).

Ce sont ces derniers 35 % qui rendent malaisée l'émergence d'une irréfutable majorité référendaire pour la souveraineté. Arrêtons-nous au comportement dit d'indécision que, par rapport au reste des électeurs, les sondages permettent de déceler de façon plus marquée chez les gens qui font partie de ce segment, et demandons-nous s'il s'agit bien d'indécision.

Leur réaction de prudence et de crainte face à la souveraineté est parfaitement compréhensible dans la mesure où persiste chez eux l'impression, véhiculée par les tenants du statu quo, que le PQ souffre d'une sorte de « tache originelle » séparatiste et que la voie proposée par ce parti conduit à une brisure subite et définitive d'avec le Canada. Qui souhaite en effet voir, du jour au lendemain, bousculer les structures politiques et sociales auxquelles il est habitué, se faire isoler des autres peuples ou être forcé d'échanger ses acquis actuels et tangibles, symboliques, minimes ou respectables, contre des virtualités prometteuses, mais non assurées ? Bref, s'il s'en trouve, peu de citoyens sont partisans du plongeon dans le désordre politique ou l'inconnu économique. C'est sur cette réaction normale que tablent les propagandistes fédéralistes s'affairant auprès des citoyens — ceux, précisément, du dernier segment — qui, plus vulnérables ou moins intéressés, n'ont pas encore d'idée fermement arrêtée sur la souveraineté ou qui, s'ils ont au départ un penchant favorable, sont susceptibles de changer d'avis si on réussit à les inquiéter suffisamment.

L'acquisition, par le Québec, de la souveraineté-association (ou de son équivalent, la souveraineté-partenariat) n'est nullement assimilable au « plongeon » appréhendé puisqu'elle ne requiert pas et n'a jamais requis une « séparation » brusque. Elle exige cependant une profonde transformation des rapports Québec-Canada, que ses adversaires ne se privent jamais de caricaturer et de travestir en catastrophe « séparatiste » annoncée.

Bon nombre de Québécois ont de la difficulté à voir quels gains concrets leur vaudrait une souveraineté dont le phénomène actuel de la mondialisation leur fait pressentir les limitations dans un monde de plus en plus interdépendant.

Il n'est pas interdit de penser qu'une proportion importante de la population québécoise considère que les avantages concevables de la souveraineté ne compenseraient pas les difficultés et les concessions inhérentes à la négociation préalable au changement de statut politique. Les adversaires s'évertueront d'ailleurs à décrire cette négociation comme compliquée, longue, ardue et frustrante. Ils en prédiront aussi l'échec ultime à moins que le Québec ne cède à des exigences territoriales ou économiques qui le rendraient, diront-ils, peut-être moins autonome et, ajouteront-ils, plus faible, comme pays souverain, qu'il ne l'est actuellement comme province canadienne.

Depuis sa fondation jusqu'à ces derniers temps, le Parti québécois n'a pas, de manière globale et officielle, redéfini ou actualisé le contenu de son objectif à la lumière de l'évolution ultérieure de la société et des exigences de l'interdépendance. Ou, plus exactement, il a essayé de le faire, mais à la pièce, en réponse à des questions ou à des objections. Pour se défendre, plus que pour éclairer. Pour répliquer, plutôt que pour expliquer.

Ainsi, en plus de la libre circulation des biens et des capitaux, que supposait déjà l'association, et après avoir parlé de monnaie commune avec le Canada, le PQ a proposé la double citoyenneté (canadienne et québécoise, y compris l'usage du passeport canadien), le respect des accords internationaux conclus par Ottawa, la création d'une armée et d'une défense communes, le maintien d'une politique étrangère correspondant en gros à celle du Canada, l'adhésion aux droits fondamentaux reconnus par la Charte fédérale, le respect des droits de la minorité anglophone, etc. Ce qui a amené des gens à se demander à quoi, dans ces conditions, pourrait bien servir une souveraineté qui, apparemment, changerait si peu de choses.

La réponse, à laquelle nous reviendrons, est qu'elle servirait, dans le cas du Québec, aux mêmes fins que celles auxquelles elle sert dans les pays déjà souverains : elle lui conférerait les moyens de déterminer lui-même les conditions de son interdépendance, en fonction de sa spécificité et de ses intérêts !

Que le PQ ou le gouvernement n'ait, jusqu'à tout récemment, assez explicité la situation nouvelle que créerait l'accession à la souveraineté, que le message n'ait pas encore pénétré dans toutes les couches de la société ou bien encore que celui-ci ait été mal compris, toujours est-il que trop de citoyens doutent encore de la nécessité, pour le Québec, d'acquérir la plénitude du pouvoir politique.

S'il est vrai qu'on ne peut plus parler de la souveraineté comme il y a cinquante ou soixante ans (évolution qui amène certains fédéralistes à affirmer que, « notion désuète », elle n'est plus d'actualité ; mais, comme par hasard, cette perspicace observation semble ne valoir que pour le Québec…), il n'en découle pas — USA, Russie, Grande-Bretagne, Japon, etc., à l'appui — qu'elle soit désormais inutile et stérile. Elle s'exerce autrement qu'autrefois, mais elle s'exerce. Ceux qui la possèdent s'en servent tous les jours. Il ne leur viendrait pas à l'idée de s'en départir. Ou, comme on le propose aux Québécois, de confier leur destin à leurs voisins.

Vu leurs dispositions naturelles, les citoyens qui rejettent encore la souveraineté seront difficiles à convaincre.

Pour que le Oui soit majoritaire, il doit obtenir l'adhésion d'électeurs faisant actuellement partie des 35 % de fédéralistes convaincus et des 35 % d'« indécis » dont on a parlé[3]. Telles que révélées par l'expérience et les sondages, les préfé-

---

3. On pourrait raffiner la répartition et distinguer non plus trois, mais quatre catégories de Québécois : les fédéralistes inébranlables (30 %), les souverainistes tout aussi déterminés (25 %) ; les fédéralistes dits « mous » (25 %) ; et les souverainistes aussi « mous » que les précédents (20 %). « Mous » n'a ici aucune connotation péjorative ; il signifie simplement que les électeurs ainsi qualifiés ont des penchants vers l'une ou l'autre option, mais que, contrairement à ceux qui appartiennent aux deux premières catégories, ils n'ont pas décidé une fois pour toutes de choisir le Oui ou le Non advenant un référendum, ni même, pour une proportion variable d'entre eux (autour du tiers), d'aller voter. À partir des mêmes chiffres, il est possible, en laissant de côté les raffinements, de regrouper tout le monde en deux grandes catégories : les électeurs de tendance fédéraliste affirmée, probable ou potentielle : 55 % (30 % + 25 %), et les souverainistes, eux aussi de conviction affirmée, probable ou potentielle : 45 % (25 % + 20 %). Quoi qu'il en soit, peu importe la façon dont on examine les données issues des sondages, on arrive en gros aux mêmes conclusions générales. Soit dit en passant, les pourcentages mentionnés dans ces pages viennent de consultations de l'auteur auprès de spécialistes en sondages.

rences politiques et les caractéristiques psychologiques de ces groupes n'invitent pas les souverainistes à l'optimisme.

La grille décisionnelle des 35 % de fédéralistes est peu encourageante. Outre la notion selon laquelle, d'après bon nombre d'entre eux, la souveraineté est intrinsèquement porteuse de calamités, leur choix du fédéralisme — et leur Non référendaire — se fonde sur une variété de motivations : identification personnelle au Canada plutôt qu'au Québec (surtout chez les anglophones) ; espérance qu'en « filant doux » les Québécois finiront par bénéficier de concessions inaccessibles autrement ; souci de ne pas heurter le reste du Canada, plus puissant que le Québec sur les plans démographique et économique ; crainte de rétorsion commerciale ou financière ; résignation au statu quo ; certitude qu'il n'existe aucun problème grave Québec-Canada ; confiance que le Canada anglais est ouvert à des réformes et qu'il suffit de les lui proposer de bonne foi ; assurance que toutes les solutions n'ont pas été essayées.

À cela s'ajoutent, chez certains fédéralistes inflexibles, le désir de maintenir à tout prix le Canada tel qu'il est, la conviction que les francophones ne forment qu'une minorité ethnique déjà traitée avec bienveillance ainsi que le rejet du « séparatisme sous toutes ses formes », y compris celle, surprenante, de l'autonomie provinciale !

La tendance à la circonspection systématique qu'on note chez les 35 % d'« indécis » se double souvent chez eux d'une méfiance plus élevée que la normale envers les politiciens, d'un manque d'intérêt pour le sujet, d'une information plus qu'approximative sur les enjeux ou d'une lassitude devant l'interminable débat constitutionnel.

Il n'existe aucune raison de s'attendre à ce que soit spectaculaire un éventuel ralliement à la souveraineté qui proviendrait des rangs des 35 % de fédéralistes résolus et des

35 % d'« indécis ». On ne peut guère espérer l'appui des premiers : qu'est-ce qui pourrait les faire changer d'avis, disons dans les prochains mois ?

Quant aux seconds, une fois soustraits ceux qui ne vont pas voter même à l'occasion d'un référendum (15 % en 1980 et 7 % en 1995), il faudrait, pour une victoire du Oui, qu'au moins les quatre cinquièmes de ceux qui restent optent pour la souveraineté-partenariat la prochaine fois (cela n'a pas été le cas en 1995 malgré une conjoncture favorable). Un tel revirement d'opinion est peu probable à court terme, rien ne laissant prévoir, au moment où ces lignes sont écrites, un mouvement d'adhésion aussi exceptionnel.

V

Le lavage des cerveaux

Il était écrit dans le ciel que, un moment secoués par leur Grande Peur de 1995, les fédéraux, réfractaires à une réforme sérieuse du régime, n'auraient pas d'autre choix que d'essayer tôt ou tard, avec l'aide de leurs alliés et de leurs partisans, de convaincre les Québécois que non seulement la souveraineté est indésirable et irréalisable, mais que le statu quo, dont on connaît pourtant les effets, reste la seule voie offerte au Québec.

Depuis leur quasi-défaite référendaire de 1995, les adversaires de la souveraineté ont entrepris de conditionner l'opinion québécoise.

Les stratèges fédéraux et leurs publicitaires crurent d'abord essentiel d'induire les Québécois à mettre en doute certaines de leurs opinions courantes ; celles-ci pouvaient en effet les porter à maintenir et même à accroître leur poussée en faveur d'un avenir politique différent. Il fallait donc les amener à juger leurs acquis collectifs de façon moins positive ; à envisager leur avenir avec moins d'enthousiasme ; à percevoir leur évolution historique dans une perspective révisionniste qui fasse naître des soupçons sur leurs motivations réelles ; à se persuader qu'ils sont au fond, sans trop s'en être aperçus, animés de sentiments racistes et isolationnistes ; à craindre ce qui ne les inquiétait pas jusque-là ; et, de façon générale, à douter d'eux-mêmes au point, si possible, de redevenir frileux et craintifs comme les Canadiens français d'antan.

C'est ainsi qu'on a vu, outre la contestation de l'existence même d'un peuple québécois, se multiplier, dans les médias et les discours, des exposés et des thèses plus ou moins sommaires sur : l'incertitude quant au droit à l'autodétermination ; l'inutilité du pouvoir politique ; les erreurs de la Révolution tranquille ; les embardées du « modèle québécois » ; la fragilité des petits États (en l'occurrence le Québec) face aux grands ensembles et à la mondialisation ; le dépeçage probable du territoire en cas de souveraineté ; l'insuffisance d'un vote souverainiste à 50 % + 1 ; etc.

Dans le même esprit, on encouragea des groupes de pression à instiller chez les Québécois de langue française un sentiment de culpabilité pour avoir, en s'affirmant « indûment » par la loi 101, « porté atteinte » aux droits fondamentaux de la minorité anglophone. En parallèle, on suggéra qu'il était dans la nature des choses qu'avec abnégation les francophones nourrissent un respect absolu envers les droits, « imprescriptibles », eux, de tous les groupes ethniques du Québec. En somme, les Canadiens anglais, les Américains, les Russes, bref, tout le monde partout sur la Terre pouvait être patriote et nationaliste, mais pas les Québécois !

Les fédéraux ont aussi multiplié les occasions de « visibilité » auprès des Canadiens en général et des Québécois en particulier, d'où les bourses du millénaire et d'autres initiatives issues de l'« union sociale » qui touchent des domaines relevant des provinces. « Jouissant », comme l'a dit le premier ministre Chrétien, de surplus budgétaires (accumulés sur le dos des provinces et des contribuables, omit-il de préciser), les fédéraux n'annoncent pas vouloir alléger pour la peine le fardeau financier qui accable ces *junior governments*; pour ce qui est du Québec, ils ont misé sur les déceptions et les frustrations engendrées par les coupes budgétaires pour susciter dans la population une insatisfaction envers le gouvernement Bouchard et créer par ricochet, comme riant dénouement, une fidélité nouvelle envers celui d'Ottawa.

Et quand, devant l'abondance et la fréquence des envahissements, les représentants du Québec protestent, les fédéraux et leurs échos dans le parti de Jean Charest allèguent que ces réactions émanent de « séparatistes » surtout motivés par le désir de provoquer les conditions dont ils ont besoin pour un futur référendum gagnant sur la « séparation ».

Tel est donc l'« air du temps » dont les fédéraux ont cherché depuis le référendum de 1995 à recouvrir le Québec afin d'introduire dans le débat politique, et si possible de rendre incontournables, des thèmes calibrés pour servir à leurs fins.

Ottawa et ses alliés ont fait le pari que les Québécois finiront par se soumettre une fois pour toutes au fédéralisme *Canadian*.

Leur mésaventure référendaire de 1995 a fait comprendre aux protagonistes du Non que les arguments du « saut dans l'inconnu » et de l'« isolement », abondamment utilisés dans les années 1970, avaient perdu de leur efficacité et qu'il fallait les actualiser.

Or, ils savent, comme on l'a noté plus haut, que les Québécois, souverainistes compris, ne sont pas hostiles au Canada comme tel, attitude également connue du PQ qui en a d'ailleurs toujours tenu compte. Les stratèges d'Ottawa parièrent que, si mécontents soient-ils du régime, mais à condition d'être dûment conditionnés et chapitrés, les Québécois ne feraient jamais de geste dont la propagande aurait fini par les persuader que la résultante fatale serait une rupture entière d'avec le Canada, suivie, le Québec parti, de l'écroulement probable du « plus meilleur pays au monde ».

L'opération exigeait que les fédéraux parviennent à inculquer à la population la notion que l'objectif et la démarche du PQ étaient essentiellement dirigés *contre* le Canada. Leur argumentaire s'enrichit alors d'un subtil ingrédient, une sorte de trouvaille : dans les termes du débat politique, *ils substitueraient le Canada, comme entité, au régime, comme structure*. Autrement dit, les porte-parole d'Ottawa parleraient moins, ou pas du tout si possible, du *régime* fédéral en tant que structure et insisteraient sans relâche sur le *pays* à sauvegarder à tout prix. Ils se présenteraient sous les traits de valeureux défenseurs d'un Canada en route vers la perfection, mais menacé par les sombres circonvolutions de « séparatistes » trop peu courageux pour confesser leur intention bien arrêtée de « briser le pays ». Le calcul consistait donc à mettre le *régime* hors de cause, discrétion qui éviterait d'en identifier les lacunes et d'admettre par là que les Québécois n'ont pas tort d'en être insatisfaits.

Mais la décision de ne pas parler du régime comme tel obligeait les fédéraux et leurs alliés, dans leurs discours et leurs rencontres avec des groupes de citoyens, à fuir toute évaluation critique du présent cadre politique et à rejeter, comme non pertinente pour la discussion, toute remise en question de tel ou tel aspect du fédéralisme, toute possibilité de réforme substantielle, toute évocation de fédéralisme asymétrique et, à plus forte raison, de nouveau partenariat. L'approche des libéraux d'Ottawa, pour les mêmes raisons, a « déteint » sur celle de leurs petits frères provinciaux. Le PLQ a en effet décidé d'abandonner le « fédéralisme revendicateur » pratiqué sous Jean Lesage et Robert Bourassa, pour se limiter désormais, en comptant sur l'appui des autres provinces (!), à demander, comme elles et lorsque cela s'avérera nécessaire, des ajustements ou des correctifs ponctuels aux pratiques et aux programmes d'Ottawa.

La logique interne de leur trouvaille força ainsi les fédéralistes d'Ottawa, en ce qui concerne la dynamique du régime, à se faire les apôtres du statu quo constitutionnel intégral. Purement et simplement.

Gênante, cette mission. Il ne fallait pas la dévoiler aux Québécois puisque le statu quo leur répugne. Considération qui amena Ottawa à échafauder un discours dont l'objectif était (et est) d'ancrer obliquement, dans l'esprit des Québécois, une autre grande « vérité » : quiconque, nationaliste ou « séparatiste », ne consent pas d'emblée à faire fonctionner le fédéralisme (*Canadian*, évidemment) tel qu'il existe — ou, pis encore, quiconque s'en prend à ce ***régime*** dans l'espoir de le renouveler ou de le transformer — ne vise par la même occasion, consciemment ou non, qu'à détruire le Canada comme ***pays***. Dans cette optique, Maurice Duplessis lui-même, défendant l'autonomie provinciale, aurait fait figure de séditieux...

Statu quo = Canada. Telle est la quintessence de la position fédérale actuelle sur le devenir constitutionnel.

Si on avait désiré affirmer du Canada qu'il est artificiel,

on ne s'y serait pas pris autrement : car sa survie dépendrait avant tout du caractère décrété intangible de sa structure administrative et des rapports de sujétion à Ottawa qu'elle suppose et confirme. Un aveu implicite qui vient des champions du régime.

Ces champions espéraient — espèrent encore — que, par crainte d'être totalement coupés du reste du Canada, les Québécois finiraient bien, enfin, *et pour la première fois depuis 1867*, par se soumettre au statu quo.

Dans l'espoir d'arriver à leurs fins, les libéraux fédéraux ont travesti le programme du Parti québécois.

Mais ils n'étaient pas au bout de leurs peines. Depuis sa fondation, le PQ n'a en effet jamais préconisé une rupture radicale avec le Canada, ni ne s'est fait le protagoniste d'une « séparation » à la suite de quoi le Québec deviendrait aussi indépendant du Canada, aussi peu lié à lui, que, disons, l'Australie l'est à la Norvège. Il a toujours voulu maintenir une association (ou un partenariat) avec son voisin, sur la base d'une *nouvelle entente* ainsi que le mentionnait en toutes lettres, en 1979, le titre du Livre blanc du Québec sur la souveraineté-association. Ou en s'inspirant des pratiques mises au point au sein de l'Union européenne. Le PQ n'a jamais considéré et ne considère pas le Canada comme un ennemi à abattre[1].

---

1. Voici ce qu'écrivait Claude Ryan dans son éditorial du *Devoir*, le 17 novembre 1976, deux jours après l'élection du PQ : « Le PQ n'est pas d'abord séparatiste, encore moins isolationniste, nonobstant tout ce qu'on

Les fédéraux durent donc faire un pas de plus : pour le configurer selon leurs besoins et le rendre plus attaquable, ils prirent sur eux de changer unilatéralement le programme d'un parti qui n'était pas le leur !

Ils intimèrent dès lors au PQ de cesser de parler de souveraineté-partenariat et résolurent de lui imposer, à la place, la « séparation » complète comme objectif ultime. Du haut de leur arrogance, ils proclamèrent que serait à leurs yeux invalide toute éventuelle question référendaire qui, comme en 1980 ou en 1995, ferait allusion à une association ou à un partenariat avec le Canada. Bref, le gouvernement péquiste devait s'abstenir, dans sa question, de proposer le maintien de rapports économiques et autres entre le Canada et le Québec advenant la souveraineté. Parce que le maintien de ces rapports contredirait son programme ? Au contraire, il en découlerait en droite ligne. Parce que de tels rapports seraient inconcevables ? Au contraire, ils seraient bénéfiques aux parties. Parce que les électeurs risquaient ainsi, un jour ou l'autre, de répondre majoritairement Oui à ce genre de question ? Ne cherchons pas ailleurs, c'était bien là le motif de leurs mises en demeure.

Car la stratégie d'Ottawa reposait sur trois piliers : obliger le gouvernement du PQ à préconiser le « séparatisme » total et à attaquer ainsi le Canada comme *pays*; cacher aux citoyens les effets nocifs du statu quo sur le Québec, et, une fois obtenue la victoire du Non, facilement imaginable dans

---

a pu en dire. Il est au contraire plus ouvert sur l'universel que bien des tenants du courant dit libéral. Mais il veut que soit d'abord défini et assuré un premier lieu de pouvoir politique pour le peuple québécois. Et il veut naturellement que ce lieu soit établi au Québec et contrôlé directement et entièrement par les citoyens du Québec. »

ces conditions, la présenter comme un Oui irréfutable et final au fédéralisme *Canadian*.

Tel était en gros le « plan de match » des fédéraux jusqu'au moment où ils constatèrent que la décision qu'ils avaient sollicitée de la Cour suprême sur la « sécession » du Québec renfermait trois éléments extrêmement fâcheux pour eux. La Cour leur imposait l'obligation de négocier avec le Québec si jamais ses citoyens exprimaient, par référendum, un vote non équivoque en faveur de la souveraineté. Du fait même qu'elle décrétait une telle obligation, la Cour reconnaissait aussi que la souveraineté était une voie politique légitime : non seulement elle ne l'avait pas condamnée ni déclarée illégale, comme l'espéraient les fédéraux, mais elle traçait cette voie pour le cas où les Québécois voudraient l'emprunter ! Disons-le autrement : si la Cour avait, pour des raisons constitutionnelles, jugé la souveraineté hors de question, impensable, elle n'aurait jamais parlé d'une obligation de négocier à la suite d'un référendum positif. Elle reconnaissait enfin qu'après un référendum positif, devant une impasse créée par le blocage systématique ou la mauvaise foi de ses interlocuteurs, le Québec pourrait envisager une déclaration unilatérale de souveraineté.

Pour affronter ces « menaces », les fédéraux entreprirent d'annuler ou d'atténuer les retombées politiques possibles de la décision de la Cour. Ils s'autodéclarèrent donc une fois de plus exégètes informés et compétents du programme du PQ. Dans leur *Clarity Act* (loi C-20 destinée à « encadrer » le référendum québécois), ils se confectionnèrent une version maison de ce programme et, ainsi falsifié, le prétendirent seul orthodoxe. Non contents de prodiguer des avertissements comme ils l'avaient fait jusque-là, cette fois-ci, de leur propre chef, ils biffèrent du programme du PQ toute référence à l'association et au partenariat, arguant que ces concepts étaient obscurs et que les Québécois, sans doute peu futés selon eux, risquaient de les comprendre de travers[2] ! Interprétant abusivement le sens et la portée des éléments qu'ils réprouvaient dans la décision de la Cour, ils les transposèrent, trafiqués, dans leur loi d'« encadrement ».

Un jour ou l'autre, il y aura une fuite de documents fédéraux de stratégie interne (c'est déjà arrivé…). Le public verra alors que le but d'Ottawa était non pas de donner une suite respectueuse aux indications de la Cour suprême, mais de s'y soustraire en s'aménageant d'avance une réserve de prétextes et de faux-fuyants pour se libérer en toute « légalité » de l'obligation, le cas échéant, de négocier : ils s'abriteraient derrière une série de conditions préalables, décidées par eux et dont plusieurs étaient arbitraires, que le Québec devrait respecter sous peine de conduite illégale. De plus, en entourant la souveraineté d'une aura d'illégalité appréhendée, les fédéraux espéraient réussir à la rendre suspecte aux yeux des Québécois.

Cette stratégie visait aussi à piéger le gouvernement du Québec :

- Ou bien, malgré le *Clarity Act,* sa future question référendaire ose mentionner l'association/partenariat (ou y faire référence d'une façon ou d'une autre). Invoquant alors la « loi d'encadrement », le camp du Non récupère un argument passe-partout : « Québécois, la question posée par le gouvernement péquiste enfreint une loi dont les "séparatistes" connaissent l'existence ; ils la transgressent quand même sciemment ; en conséquence, sachez qu'il est inutile de répondre Oui ; il

---

2. Un geste passablement « baveux », aurait dit René Lévesque…

n'y aura aucune négociation ! » Les fédéraux et leurs alliés comptent que, devant cette fin immédiate de non-recevoir, à laquelle le reste du Canada et tous les *establishments* fédéralistes agissant au Québec, PLQ compris, feraient servilement écho, de nombreux Québécois jugeraient l'exercice référendaire vain, voire volontairement provocateur de la part de leur gouvernement, et que, face à un cul-de-sac annoncé, nombre de Oui potentiels ne s'exprimeraient pas.

• Ou bien, à cause du *Clarity Act*, la notion d'association/partenariat est évacuée de la problématique référendaire et la question posée devient forcément « séparatiste ». Non seulement elle est alors moins attrayante pour la population, mais elle permet au camp du Non, comme il le souhaite, de dénoncer les « actions anti-Canada » du gouvernement péquiste et d'agiter les épouvantails déjà connus (brisure, etc.).

Voilà comment les fédéraux ont cru pouvoir tourner à leur avantage un avis de la Cour suprême qui, dans certains passages, contrariait leurs plans. Est-ce là le dernier mot de l'affaire ? Pas nécessairement. Nous y reviendrons.

VI

La conquête par l'usure

On s'étonne parfois chez nous et à l'extérieur que, depuis une ou deux générations qu'il fait l'objet de débats électoraux et même de référendums, le problème du Québec ne soit pas encore résolu. Une des raisons de cette stagnation est que le Québec est devenu prisonnier d'un état de fait qui, à première vue, paraît sans issue.

D'une part, ses dirigeants politiques n'ont jamais réussi à corriger la dynamique du fédéralisme actuel. D'autre part, même si l'accession du Québec au statut d'État souverain faisait disparaître les pressions qu'exerce cette dynamique sur lui et lui donnait des moyens d'action dont il est présentement privé, la majorité de sa population, quoique recherchant une transformation majeure des rapports Québec-Canada, n'a pas jusqu'ici, à cause de la segmentation en 35 %-30 %-35 % décrite précédemment, opté pour la voie souverainiste.

Or l'absence de « conditions gagnantes » ferait perdurer le cercle vicieux.

> Si rien ne change, les Québécois resteront coincés dans une situation qui, bien qu'ils le rejettent, leur imposera le statu quo constitutionnel voulu par les tenants du régime.

Les potentats fédéraux profiteraient de la situation. Celle-ci leur permettrait d'atteindre leurs objectifs avec une économie d'efforts, par le libre jeu des forces ambiantes, en laissant le régime poursuivre son œuvre de minorisation du Québec. Bien entendu, pour donner le change, ils tenteraient de convaincre les Québécois que, loin de proposer le statu quo, ils sont au contraire partisans d'une évolution pragmatique du fédéralisme porteuse d'innovations, prétendraient-ils, sans préciser lesquelles.

On peut essayer de se rassurer. Croire, par exemple, qu'une intense et envahissante campagne d'information, bien documentée, sur la dynamique du présent régime et sur les avantages de la souveraineté, faisant appel aux ressources du PQ et à celles du gouvernement, balaierait les hésitations que trop de gens (ceux des 35 % d'« indécis » et plusieurs des 35 % de fédéralistes) nourrissent encore à l'endroit du projet souverainiste et qu'elle provoquerait l'apparition de conditions gagnantes pour le référendum. Ou espérer que les autorités fédérales et les gouvernements des autres provinces se comporteront tôt ou tard de manière telle qu'ils encourront, eux et le régime qu'ils défendent, la réprobation populaire des Québécois. Ou miser sur les effets politiquement pédagogiques d'une soudaine crise Québec-Ottawa.

Quand on se rappelle que le PQ existe depuis une trentaine d'années, qu'il a formé le gouvernement à quelques reprises, qu'il a participé à trois référendums (1980, 1992 [accord de Charlottetown] et 1995), que son option a été propagée partout, qu'elle a fait l'objet d'une multitude de discussions et d'écrits, il est chimérique de penser qu'une campagne d'information, si brillante soit-elle, suffirait à modifier *rapidement* et de façon permanente des attitudes, des perceptions et, en conséquence, des choix qui, selon toute vraisemblance, conservent de solides racines accrochées à des réflexes profonds ; d'ailleurs, les fédéralistes se hâteraient de répliquer par leur propre campagne d'information.

Il ne faut pas non plus trop miser sur les faux pas des adversaires qui, lorsqu'ils se produisent, surviennent à des moments inattendus et, à moins d'être fréquents, n'ont en règle générale qu'un effet passager sur l'opinion publique. Ni sur les frictions fédérales-provinciales, peu ou pas « planifiables », qui portent sur des dossiers sectoriels dont la population ne saisit pas toujours les enjeux. Les crises politiques vraiment majeures, elles, sont rares, sans compter que les fédéralistes prendront évidemment soin de ne pas en susciter à la veille d'un référendum. Pour justifier la souveraineté auprès des électeurs hésitants, il faudrait une crise d'une énorme envergure, qui illustre des injustices flagrantes, qui dévoile une mauvaise foi patente et qui perdure.

À la longue, l'absence de tout déblocage ou de tout progrès dans la « question du Québec » conduira à la résignation.

Le fait que le régime tende à marginaliser le Québec peut, sur le coup, raffermir les souverainistes dans leurs convictions et encourager des partisans du « fédéralisme renouvelé » à continuer de réclamer des corrections. C'est ce qui s'est produit pendant de longues années.

Avec le temps toutefois, la succession des échecs politiques et constitutionnels subis par le Québec dans ses propositions de réforme, jointe à l'impression qu'Ottawa et le reste du Canada ne « bougeront » jamais, qu'« il n'y a rien à faire », lasse les citoyens moins ou peu politisés, en décourage d'autres et amène des fédéralistes réformateurs à abandonner leurs pressions et à opter plutôt pour des voies dites pragmatiques (accords administratifs, coopération interprovinciale, etc.) qui ne peuvent en rien modifier ou infléchir la tendance fondamentale du régime. Le PLQ a été victime de cet état d'esprit : après avoir été le catalyseur et l'artisan de la Révolution tranquille, mais échaudé depuis par les mésaventures de Meech et de Charlottetown, ce parti est devenu petit à petit, de Bourassa en Johnson et de Johnson en Charest, le partenaire junior et parfois même la caisse de résonance du « grand frère » d'Ottawa.

Corollairement, des gains québécois, même peu spectaculaires, s'ils sont utilisables par les fédéralistes pour « démontrer que le régime peut s'améliorer », alimenteraient quand même l'espoir qu'il demeure possible de faire mieux et d'aller encore plus loin. Ainsi, les gains réels et importants réalisés sous le gouvernement Lesage n'ont pas, bien au contraire, ralenti l'élan qui débutait alors vers une réforme constitutionnelle en profondeur, pas plus qu'ils n'ont coupé l'herbe sous le pied des premiers mouvements indépendantistes.

Pierre Elliott Trudeau connaissait bien ce phénomène. Il a déploré que son prédécesseur Pearson ait cédé devant les réclamations des politiciens du Québec en 1964-1965. Il a toujours prétendu qu'on ne satisferait jamais le nationalisme québécois par des concessions sectorielles et qu'il fallait plutôt le « calmer » en ôtant leurs « illusions » à ses leaders et à leurs partisans, en leur démontrant, par la fermeté d'Ottawa, qu'il n'y aurait pas de nouveau partage des pouvoirs, ni de remise en cause des règles du régime, ni, par conséquent, de déblocage. Trudeau a aussi toujours visé à couronner ses efforts par l'instauration d'un cadre constitutionnel qui soit encore plus contraignant pour le Québec que celui tracé en 1867. Il y parvint, à la faveur de la défaite référendaire du Oui en mai 1980, en réussissant, avec l'appui des provinces anglophones, à faire modifier la Constitution du Canada par le Parlement britannique sans l'accord de l'Assemblée nationale du Québec et à l'encontre d'aspirations politiques que les Québécois partagent depuis toujours.

Effet pervers si l'on peut dire, en tout cas ironique : ce geste, censé mettre un point final au dossier constitutionnel, créa au contraire les conditions pour une relance du débat :

- s'y opposant, le Québec refusa d'adhérer à la Constitution canadienne de 1982 ;
- les provinces anglophones, mal à l'aise de lui avoir infligé un traitement injuste, voulurent, pourrait-on dire, « se racheter » : en 1987, elles mirent au point l'accord du lac Meech auquel adhéra le gouvernement conservateur d'Ottawa ;
- sauf que cet accord, qui n'allait pourtant pas bien loin, avorta en 1990 ;
- naissance du Bloc québécois (qui deviendra un moment l'Opposition officielle au Parlement d'Ottawa) ;
- reprise de la tentative constitutionnelle avec un nouvel accord, celui de Charlottetown en 1992, un Meech dilué ;
- nouvel échec : cet accord est rejeté lors du référendum pancanadien de septembre 1992 ;
- élection du PQ en 1994, au pouvoir depuis lors.

Le problème que Trudeau voulait faire disparaître est encore entier aujourd'hui.

Mais si rien n'est fait pour le résoudre, ou si rien n'y réussit ne serait-ce que partiellement, la lassitude et la résignation, sur lesquelles comptent les fédéraux, s'installeront pour de bon au Québec, comme elles ont déjà contaminé le PLQ, qui semble avoir décidé d'adopter l'approche Chrétien : il n'y a pas, selon ce parti, de véritable problème constitutionnel au Canada et, peut-être même, il n'y en a jamais eu.

Si tel était vraiment le cas, on se demande bien quelles causes mystérieuses ont été à l'origine des intenses débats politiques des dernières années, pourquoi des tentatives comme Meech et Charlottetown ont vu le jour, pourquoi tant d'intervenants, fédéralistes ou souverainistes, continuent à se préoccuper de la question Québec-Canada...

Matériaux pour une solution

Le Québec est vulnérable (chapitre I), la réforme du régime est bloquée (chapitre II) et la souveraineté paraît difficile à réaliser (chapitre III) du fait que l'opinion québécoise y est encore réticente (chapitre IV). Par ailleurs, les tenants du fédéralisme *Canadian*, en plus de chercher à colmater toutes les issues par leur *Clarity Act*, ont pratiqué une sorte de lavage de cerveaux sur les Québécois (chapitre V). Leur objectif : les amener, lassés de tourner en rond, à se démotiver et à se soumettre une fois pour toutes au statu quo (chapitre VI).

D'où l'hypothèse examinée dans ce livre : les conditions pour un référendum gagnant sur la souveraineté pourraient ne pas être réunies.

D'où la question : que faire alors ?

D'où aussi des interrogations délicates mais inévitables sur l'objectif et la démarche du Parti québécois.

VII

L'idéal et la réalité

Serait-il plus sage, pour le Parti québécois, de se détourner de son projet souverainiste, parce que (ou sous prétexte que), par les temps qui courent, sa réalisation semble impossible dans un avenir prochain ?

Le Parti québécois doit conserver son objectif.

Malgré les invitations parfois faites au PQ pour qu'il abandonne son objectif, déterminantes restent les raisons qui militent contre une telle mutation.

À commencer par trois évidences. La première : l'objectif du PQ colle à l'évolution contemporaine ; les tendances du monde actuel font pressentir que ce que nous appelons la souveraineté-partenariat appartient à la même famille de solutions politiques que celles qui s'élaborent dans les rapports nouveaux en gestation entre peuples et entre gouvernements, notamment en Europe où on semble se diriger vers une formule confédérale. La deuxième : si on exclut la souveraineté des voies qui s'offrent au Québec, le reste du Canada n'a plus qu'à attendre que le régime l'affaiblisse davantage. La troisième : quelque chose peut toujours se produire qui accélère le processus et raccourcisse la distance chronologique entre le moment d'aujourd'hui et celui où le but initialement fixé pourrait être atteint.

Les autres motifs viennent à l'esprit quand on distingue entre l'*objectif* du PQ et sa *démarche*. Il existe en effet une différence fondamentale entre la raison d'être d'un parti — d'où provient son *objectif* — et les moyens qu'il utilise pour l'atteindre ou s'en rapprocher le plus possible — sa *démarche*. Les deux concepts ne se situent pas sur le même plan.

Nous parlerons de la démarche plus loin. Pour l'instant, restons-en à l'objectif.

Il est impossible à quiconque parmi les politiciens fédéraux ou ceux d'ailleurs de soutenir, comme si c'était une vérité indiscutable, que l'avenir du Québec ne peut passer par la concrétisation de cet objectif, c'est-à-dire son accession à la souveraineté-partenariat. Quant au parti fondé pour la réaliser, les trois évidences notées lui interdisent de l'abandonner, d'autant que ce serait triste, futile, stupide et erroné.

- Triste : cette réorientation radicale briserait l'espoir sincère de millions de Québécois.
- Futile : un nouveau parti souverainiste se créerait aussitôt et, de toute façon, la portion de l'électorat qui a toujours été hésitante ou hostile face aux propositions du PQ ne croirait pas que celui-ci les a vraiment rejetées.
- Stupide : ce n'est pas parce qu'on croit s'apercevoir qu'un but se situe plus loin qu'on ne l'aurait d'abord souhaité qu'il faut s'en désintéresser ; à ce compte-là, l'humanité aurait peu progressé depuis son origine.

• Erroné : pourquoi laisser tomber un projet dont, dans une décision surprenante, la Cour suprême elle-même a — on l'a vu plus haut — reconnu la légitimité ?

Aucun doute là-dessus : le Parti québécois doit maintenir son objectif. Mais il ne l'atteindra pas en se dégageant magiquement des tâches à assumer lorsqu'il forme le gouvernement. Il ne l'atteindra pas non plus dans l'abstrait. S'appliquera à lui une vieille règle de la vie en société : même avec de la chance, la réalité qu'on *peut* raisonnablement construire se matérialise *toujours* en deçà de celle qu'idéalement on *aurait voulu* créer…

Même après son accession à la souveraineté, des contraintes externes et internes continueraient à peser sur le Québec.

Le projet souverainiste est longtemps — trop longtemps — resté tributaire de situations, d'illustrations, d'analyses et de jugements datant de la fin des années 1960 et du début des années 1970, même si les précisions apportées par les porte-parole du PQ (monnaie commune, etc.) ont démontré une volonté de mise à jour de l'objectif du parti et ont prouvé que celui-ci ne débouchait pas sur l'aventure « sécessionniste » brandie par les adversaires ; malheureusement, une partie importante de l'électorat n'en est pas encore convaincue.

La souveraineté demeure nécessaire, mais on s'épargnera des malentendus en se rappelant que sa portée pratique différera dans l'avenir de celle qu'elle pouvait avoir il y a quelques décennies. La construction européenne et les arrangements de toutes sortes qui se produisent partout dans le monde montrent que la mondialisation et l'interdépendance croissante des peuples ont un impact inévitable sur le contenu matériel, pourrait-on dire, de la souveraineté et sur l'exercice des partenariats qui se créent de plus en plus entre les nations.

Pour les fins de l'exposé, supposons que, après un référendum positif, les négociations Québec-Canada ont réussi et essayons de voir jusqu'à quel point, concrètement, le Québec a obtenu, au terme du processus, la maîtrise entière et exclusive de ses affaires.

Il prendrait juridiquement possession de tous les impôts fédéraux perçus auprès des Québécois et de leurs entreprises, ainsi que de tous les programmes existants de politique sociale, économique, culturelle, agricole, etc. En même temps, il deviendrait, sur son territoire, l'unique responsable des lois, règlements et normes relevant jusque-là d'Ottawa. Il acquerrait également une authentique personnalité internationale. Bref, comme tout autre pays souverain, il disposerait de la totalité du pouvoir d'État.

Sa maîtrise sur ce pouvoir serait-elle complète ? Question sacrilège si on voit dans la souveraineté la jouissance d'une indépendance illimitée sur tous les plans, sans obligation aucune envers quiconque, un point, c'est tout. Plus prosaïquement, la réalité géographique, économique ou militaire impose à la souveraineté juridique, théoriquement pleine et entière, des restrictions pratiques plus ou moins lourdes.

D'abord, une règle générale : de même que, dans une société, la liberté d'un individu finit là où commence celle des autres, un État souverain doit respecter la souveraineté des autres États[1]. À cette règle de bienséance internationale

1. Il est depuis quelques années question du « droit d'ingérence » que, pour des raisons humanitaires, des pays pourraient exercer à l'encontre d'autres pays fautifs, mais la pratique de ce droit, si tant est qu'il existe vraiment, est encore embryonnaire.

s'ajoutent un impératif commandé par les faits et deux autres d'ordre contractuel :

- Dans ses initiatives fiscales ou sociales, un pays souverain doit, sous peine d'éliminer ses avantages comparatifs et de déstabiliser son économie, faire entrer en ligne de compte sa situation concurrentielle relative. Si juridiquement indépendant soit-il, comment pourrait-il assumer les coûts d'un État-providence ultra-généreux si ses voisins proches et ses concurrents réduisent leurs dépenses et baissent leurs impôts ?

- Tout pays souverain est soumis aux dispositions édictées par les organismes multilatéraux, commerciaux ou autres, dont il est membre ou dont font partie les pays avec lesquels lui-même et ses entreprises sont en relation d'affaires.

- Un pays souverain doit évidemment donner suite aux engagements prévus dans les ententes, accords et traités qu'il conclut avec les autres pays.

Bien que le Québec ne soit pas souverain, les deux premières exigences s'appliquent déjà à lui ; la première, parce que la réalité l'y oblige, la seconde, à cause de son appartenance à un État fédéral qui a, avec son appui, conclu des ententes internationales, celle, par exemple, sur le libre-échange. Quant à la troisième, elle signifie qu'un Québec souverain devrait respecter tout accord de partenariat qu'il signerait avec le Canada ; l'exercice de son pouvoir politique serait alors balisé par les contraintes, librement acceptées mais néanmoins tangibles, résultant de l'existence même de ce partenariat.

À cause de leur longue histoire commune et des rapports qu'ils entretiennent déjà, ainsi que pour des raisons de commodité et de bon sens, il est probable que le contenu du partenariat entre le Québec et le Canada serait varié et étendu.

Le Parti québécois a toujours reconnu que le partenariat serait susceptible de toucher plusieurs domaines, certains d'importance majeure. Il n'est pas inutile d'en rappeler quelques-uns déjà retenus par les autorités du parti et d'en évoquer d'autres que, en toute logique, on verrait mal être omis d'un véritable accord de partenariat, surtout s'il devait s'inspirer (sans les copier, évidemment) des rapports éventuellement confédéraux qu'instaurent entre eux les pays de l'Union européenne :

- Le Québec et le Canada permettront la libre circulation des personnes, des biens et des capitaux, avec ce que cela comporte quant à l'obligation réciproque d'abolir les entraves qui pourraient y faire obstacle, par exemple en conservant la même monnaie.
- Ils consentiront aussi sûrement au respect, sur le territoire de chacun, des mêmes droits fondamentaux de la personne.
- Pour les citoyens qui y tiendraient, le partenariat pourrait prévoir une double citoyenneté canadienne et québécoise.
- Un accord de défense Québec-Canada serait probable, d'où, peut-être, une armée commune.
- Les normes et règlements relatifs à l'environnement, à la qualité des produits, à la sécurité au travail, aux transports et à bien d'autres sujets, ainsi que les lois pénales et commerciales, pourraient être sinon identiques, du moins similaires.
- Parce que les intérêts du Québec et du Canada coïncident assez souvent, on peut aussi croire que, en ce qui

concerne la politique commerciale et étrangère, les convergences entre eux seraient plus nombreuses que les divergences, et que, sur la scène internationale, leurs positions se rejoindraient fréquemment[2].

La liste pourrait être plus longue et plus détaillée et contenir, par exemple, des arrangements touchant des secteurs qui relèvent actuellement de la responsabilité exclusive du Québec (exemple : les équivalences de diplômes universitaires et les normes régissant les professions), mais celle dressée ici suffit déjà à montrer la vaste dimension possible d'un partenariat Québec-Canada. De fait, il n'existerait aucune objection de principe à ce que l'association Québec-Canada soit, par commodité, plus approfondie que ce à quoi on a coutume de penser ou qu'elle prenne la forme d'une authentique confédération.

Chose certaine, discutant de la souveraineté, il faut éviter de donner à la population l'une ou l'autre de quatre impressions aussi matériellement fausses que politiquement inquiétantes pour le commun des mortels québécois :

- Que le partenariat servirait à « reconstruire ce que la souveraineté aura détruit », comme le prétendent les adversaires oubliant à dessein que des éléments nombreux d'association existent à l'heure présente (ne serait-ce que les échanges commerciaux et financiers) et qu'il n'a jamais été question de les défaire pour les rétablir ensuite.

---

2. Comme le Québec, à l'instar des pays de petites ou moyennes dimensions, n'aurait pas les ressources voulues pour couvrir la planète d'ambassades et de représentations diverses (même chose pour le Canada), il ne serait pas impensable que, pour certains dossiers ou territoires à déterminer, l'un confie à l'autre le soin de représenter et de défendre ses intérêts.

- Que l'avènement du partenariat s'accompagnerait d'une prolifération d'institutions politiques nouvelles et de structures bureaucratiques inédites qui, par leur complexité et leur lourdeur, en rendraient l'administration quasi impossible. Certains organismes intergouvernementaux actuels pourraient être adaptés à la nouvelle réalité.
- Que le partenariat supposerait le consentement du Canada à des exigences québécoises démesurées ou déraisonnables (par exemple, un droit de veto permanent du Québec sur des décisions n'intéressant que le reste du Canada).
- Que le partenariat, assurément utile, n'est qu'une possibilité parmi d'autres, qu'au besoin le Québec peut s'en passer et qu'après tout il pourrait fort bien « s'organiser tout seul »…

Il y a une différence de nature entre le type d'association prévu par la souveraineté-partenariat et celui qu'impose le fédéralisme.

Le développement qui précède soulève une question : avec un partenariat aussi potentiellement élaboré, dans quelle mesure un Québec souverain et partenaire du Canada différerait-il, en pratique, d'un Québec qui demeurerait une province du Canada fédéral ?

La réponse des tenants du présent régime leur sert, depuis des années, d'argument référendaire. Selon eux, la recherche d'une souveraineté assortie d'un partenariat avec le Canada est futile en ce sens que le Québec serait déjà partenaire du Canada dans le cadre du fédéralisme !

Sophisme. Ces gens confondent volontairement un partenariat issu de la souveraineté et en vertu duquel *le Québec aurait le pouvoir de décider lui-même* les conditions de son interdépendance, avec le rapport Québec-Canada issu de l'actuel fédéralisme de tutelle où les conditions de cette interdépendance peuvent être déterminées par des décisions d'Ottawa sur lesquelles le Québec, comme *province,* a peu de prise.

Dans les deux cas, le Québec a une relation avec le reste du Canada (même totalement « séparé », il en aurait une). Mais, dans le premier cas, *la forme et le contenu de la relation procéderaient du libre consentement du Québec, en fonction de ses intérêts et à la suite d'une négociation interétatique.* Dans le second, le Québec reste en maints domaines le sujet du gouvernement central qui utilise, au Québec même, ses grands pouvoirs d'intervention en exploitant sans vergogne les possibilités que lui confère la Constitution, le tout avec le concours tacite, discret et souvent complice des autres provinces.

Différence de nature, donc, entre une situation où un *État,* le Québec, accepte d'exercer, en association avec un autre, le Canada, des prérogatives et des compétences qui lui appartiennent et que nul ne peut lui contester, et celle où les prérogatives qu'il est censé posséder, comme *province,* peuvent à tout moment être envahies ou affectées par des décisions unilatérales d'un autre gouvernement qui détient, comme *National Government,* la faculté légale de le faire.

Argument fédéraliste complémentaire : même comme *province,* le Québec détient de très importants moyens d'action et jouit d'une enviable latitude dans des secteurs aussi vitaux pour un peuple que l'éducation, l'aménagement du territoire, la santé, les richesses naturelles, la culture, la justice, le bien-être social, etc. Il possède ou contrôle ce dont il a besoin pour façonner et consolider, à l'aide de ses institutions publiques et privées, le genre de société que ses citoyens veulent, et pour innover dans les domaines de son choix.

C'est en partie exact, mais l'argument serait beaucoup plus convaincant si le fédéralisme actuel n'avait pas, par nature, tendance à miner les attributions du Québec…

Si on la compare à sa marge de manœuvre actuelle, quelle liberté d'action supplémentaire la souveraineté-partenariat vaudrait-elle au Québec ?

La souveraineté-partenariat donnerait au Québec des outils faisant partie d'un tout, mais, dans l'ordre de l'action, il importe de les distinguer.

État souverain, le Québec pourrait légiférer dans tous les domaines, percevrait tous ses impôts et aurait une personnalité internationale. C'est énorme.

Par contre, nous l'avons vu, il serait dans les faits, comme tout autre pays, soumis à diverses limitations, la plus quotidiennement contraignante restant sans doute la nécessité dans laquelle, à cause de son économie ouverte, il se trouvera de sauvegarder ses avantages comparatifs par rapport au Canada et au reste du monde. Le fait qu'il ne puisse pas annuler les effets de la mondialisation sur son territoire (ce qui ne serait pas nécessairement une bonne direction à prendre) serait toutefois compensé par sa faculté accrue d'en atténuer les conséquences négatives et, surtout, de profiter des occasions de développement qu'elle offre.

Il existerait une autre restriction, électorale celle-là, à laquelle on pense peu. Devenant l'unique responsable, sur le plan administratif et financier, de programmes comme l'as-

surance-maladie, l'assurance-emploi, les allocations fami-
liales et d'autres allant de l'agriculture à la culture, Ottawa
s'en étant retiré, le Québec serait malavisé d'inaugurer, par
une réduction de services et de bénéfices, sa prise en charge
de mesures que les citoyens, habitués qu'ils y sont, tiennent
pour acquis, quel que soit le statut politique du Québec, et
qu'ils supposeraient même devoir être améliorés si jamais
celui-ci accédait à la souveraineté. Il est probable que, pendant la campagne référendaire, le gouvernement québécois
s'engagerait à ce qu'aucun citoyen, bénéficiaire d'un programme existant, ne soit pénalisé par l'avènement de la souveraineté. On mesure d'ici la contrainte d'une telle promesse
sur la liberté d'action du futur État souverain.

Ainsi, la souveraineté faite, le Québec obtiendrait la capacité juridique incontestée d'élargir le nombre, la portée et la
dimension de ces programmes en les rendant plus « généreux » qu'ils ne l'étaient pendant la période antérieure où
prévalaient les normes fédérales. Cependant — et c'est le cas
pour tout État — les bonnes intentions et les ambitions
humanitaires de son gouvernement se heurteraient à l'inadé-
quation permanente entre des besoins par définition illimités
et des ressources par nature limitées. Il reste qu'avec le temps,
si la situation financière finissait par le permettre, la variété et
le volume des services publics pourraient s'accroître, bien
qu'il faille se demander si c'est là que devrait se situer la principale conséquence de la souveraineté.

La souveraineté ne provoquerait donc pas une transformation de la société québécoise aussi rapide et aussi marquée
que d'aucuns l'espéreraient, encore moins l'édification, sur
les bords du Saint-Laurent, d'une civilisation qu'on réussirait
à mettre à l'abri des problèmes économiques et sociaux auxquels toutes les autres sociétés du monde ont à faire face. La
prudence nécessaire dans l'action n'interdirait pas au Québec

d'innover si sa population le désirait et si ses dirigeants en avaient à la fois les moyens et la volonté politique. Excepté qu'en raison des exigences de l'opinion et de la complexité de la chose publique dans un État évolué comme l'est le Québec, on assisterait non pas à un virage subit dans les mesures gouvernementales héritées de la situation antérieure et qui seraient encore en vigueur au moment de la souveraineté, mais, si tel était le programme voulu par le public, à leur infléchissement *à terme*, par corrections, additions, soustractions et retouches successives, effectuées à la lumière des besoins et en fonction des ressources. Souveraineté n'est pas licence, mais responsabilité.

Voilà pour la marge de manœuvre.

Il y aurait cependant une nouveauté primordiale qui, elle, serait un acquis *immédiat* : aussitôt la souveraineté faite, le gouvernement du Québec se libérerait des entraves que lui impose le régime actuel. Par contraste avec ce qu'Ottawa fait depuis la mise en place du fédéralisme, les autorités fédérales perdraient le droit de s'introduire dans ses compétences.

Apparaît ici l'élément qui — en plus de la capacité qu'obtiendrait le Québec de déterminer désormais lui-même, dans l'avenir, les conditions de son interdépendance — constitue l'autre gain capital lié à la conquête de la maîtrise de ses affaires : *le Québec se prémunirait contre la perméabilité de ses attributions et les atteintes à sa spécificité* qu'autorise (pour ne pas dire encourage) le fédéralisme à la *Canadian* qu'Ottawa considère avoir pour vocation de pratiquer parce qu'il correspond à ses ambitions et aux aspirations de la majorité *a mari usque ad mare*.

La possibilité de mieux orienter, *à terme*, sa propre évolution comme société et celle, *immédiate*, de se soustraire aux contraintes du régime sont donc les deux composantes de la situation nouvelle que créerait la souveraineté-partenariat.

De prime abord, elles semblent indissociables : la première, qui concerne le futur, n'est pas imaginable sans la seconde, qui touche le présent. Mais, comme le démontre l'expérience, l'inverse n'est pas vrai : une personne ou une collectivité peut toujours, dans une mesure plus ou moins large, conserver ses acquis et améliorer son sort, sans disposer encore et au même moment de tous les instruments qui lui permettraient également de façonner son avenir comme elle l'entend.

Ne pas être encore équipé de *tout* ce dont on aurait besoin ne signifie pas que, d'ici à ce qu'on le soit, on ne peut *rien* faire de ce qu'il faudrait.

Sur le plan de l'action, aucune loi, sauf celle qu'on s'imposerait à soi-même par idéologie ou manque de vision, ne condamne à végéter dans le zéro, faute d'atteindre l'infini, ou à ne rien entreprendre maintenant parce qu'on ne peut pas tout obtenir tout de suite. Dans la vie politique comme dans la vie quotidienne, il se trouve entre ces extrêmes un registre de situations possibles.

Et des instruments que rien n'interdit de chercher à se procurer, de préférence en totalité, mais au moins en partie si les circonstances ne le permettent pas davantage.

En démocratie, quelle que soit l'ampleur de cette ambition, elle nécessite un appui populaire explicite.

VIII

La puissance d'un Oui

On dirait qu'au Canada et surtout au Québec une bonne partie de la classe politique, et aussi de la population, en est venue à croire que la consultation référendaire représente moins une voie vers la solution définitive d'un problème qu'une technique de mesure permettant d'évaluer périodiquement des rapports de forces par définition instables. Dans cette optique, quoique le référendum demeure un temps politique fort, son résultat n'empêche pas les parties (et les partis) en cause, plus exactement les partisans de l'option défaite, de garder leurs objectifs et l'espoir de réussir la « prochaine fois ». Ainsi :

- malgré leur échec de 1980, les souverainistes n'ont pas abandonné leur idéal ;
- en 1992, le référendum pancanadien sur l'accord de Charlottetown, perdu par Ottawa, n'a pas empêché le gouvernement central d'espérer réaliser, par d'autres moyens, le projet que l'électorat n'avait pas accepté ;
- en 1995, le score serré de la consultation québécoise a encouragé les souverainistes à maintenir le cap et les

fédéraux à inventer un Plan B en prévision du prochain référendum.

Serait-ce que les référendums successifs, canadien et québécois, constituent chacun, pour prendre un vocabulaire militaire, une bataille particulière à l'intérieur d'un combat continu et qu'aucun ne peut décider à lui seul de l'issue du conflit ? Que si, par exemple, un futur référendum québécois se terminait par une victoire du Oui, les fédéralistes seraient fondés à considérer que cette défaite n'est pas plus concluante, pour eux, que ne l'ont été, pour les souverainistes, leurs revers de 1980 et de 1995 ? Le sentiment s'installe qu'on n'en finira jamais.

Réaction qui reste lamentablement à la surface des choses et qui prend son origine dans la fausse impression que les référendums, peu importe leurs résultats, sont des exercices sans conséquences notables. En fait, un référendum a *toujours* un impact sur les protagonistes des thèses en présence, sur leurs militants, sur les gouvernements en cause, sur l'opinion publique et, par là, sur la suite des événements, comme l'a prouvé le traitement qu'Ottawa et ses alliés des autres provinces ont fait subir au Québec à la suite de l'échec souverainiste de mai 1980.

Cela dit, il va de soi que les conséquences d'un Oui majoritaire faible ne seraient pas identiques à celles que les Québécois pourraient attendre d'un Oui largement positif. Peut-on de là déduire qu'une mince victoire du Oui n'aurait pas vraiment de portée et n'y voir qu'une victoire morale, sans suites dignes de mention ?

Un Oui à la souveraineté — qui n'aurait défait le Non que par une marge minime — rendrait plus difficile mais non impossible l'atteinte du but recherché.

Parce qu'il représenterait une victoire, un résultat référendaire favorable au Oui, même avec une infime majorité de voix, réconforterait les souverainistes, qui auraient raison d'y voir un motif d'encouragement, mais leur livrerait-il tous les leviers requis pour concrétiser l'accession à la souveraineté? La question se pose, mais la réponse dépend pour beaucoup de l'évolution de l'opinion dans les semaines et les mois suivant le référendum.

Entreprendre de faire la souveraineté dans la foulée d'une victoire référendaire obtenue à l'arraché signifierait que la transformation du statut politique du Québec devrait se réaliser malgré la volonté d'une minorité considérable de citoyens dont, toutefois, un certain nombre pourraient là-dessus changer d'avis, ce qui modifierait la donne.

Les opposants les plus obstinés se recruteraient dans les milieux historiquement hostiles au patriotisme québécois sous toutes ses formes. Ils n'accepteraient pas de gaieté de cœur de ne plus faire partie de l'ensemble canadien de la même façon que maintenant. Ils invoqueraient leur « droit », « inaliénable », de maintenir, pour eux, le lien actuel de dépendance ou s'obstineraient à réclamer des concessions pouvant aller, dans les cas rarissimes (s'il en existe) où ce serait géographiquement concevable, jusqu'à un démembrement du territoire québécois en leur faveur, ce qui conduirait à des revendications irréalistes qu'ils maintiendraient en dépit du bon sens.

À peu près tous anglophones, mais appuyés par des politiciens de langue française — des élus fédéraux, entre autres — qui leur assureraient un vernis de légitimité, ces opposants à la souveraineté jouiraient d'emblée, dans le reste du Canada, aux USA et ailleurs, d'appuis externes supérieurs à ceux sur lesquels les souverainistes québécois, animés uniquement, les calomniera-t-on, d'un souci de suprématie ethnique, pourraient compter. Et ces opposants seraient susceptibles de recevoir de leurs appuis extérieurs des stimulants de toute nature. Ce n'est pas faire preuve de pessimisme que de retenir l'hypothèse qu'il s'en trouverait, parmi ces éléments, pour tenter, par tous les moyens que leur suggérerait leur imagination, de saboter le processus d'accession à la souveraineté.

Il n'est pas exclu qu'une atmosphère de crise résultant d'un référendum marginalement victorieux pour les souverainistes, que la crise soit artificiellement provoquée ou non, amène des électeurs ayant voté Oui à adopter des attitudes conciliantes ou même des positions soudainement empreintes d'une souplesse peu conséquente avec leur choix référendaire : il s'agirait en effet ici d'une situation, comme il s'en produit parfois, où ceux qui s'opposent à une orientation sont plus déterminés à en empêcher la réalisation que ne désirent la voir réussir ceux qui la favorisent. Citons de nouveau Machiavel :

> Songe qu'il n'est d'affaire plus difficile, plus dangereuse à manier, plus incertaine de son succès qu'entreprendre d'introduire de nouvelles institutions ; car le novateur a pour ennemis tous ceux que l'ordre ancien favorisait, et ne trouve que de tièdes défenseurs chez ceux que favoriserait l'ordre nouveau. Leur tiédeur vient en partie de la crainte des adversaires qui ont les lois pour eux, en partie du scepticisme naturel aux hommes : ils ne croient pas volontiers aux nouveautés, tant qu'ils ne les ont touchées du doigt. Il en résulte que chaque fois que tes ennemis ont l'occasion de t'attaquer, ils le font avec le mordant des factions partisanes ; tandis que la mollesse de tes amis est moins pour toi une défense qu'une certitude de fiasco.

En revanche, il se pourrait — c'est même probable — que des citoyens ayant voté Non se conforment au phénomène postélectoral classique en se ralliant au vainqueur déjà connu, le Oui, et ce en nombre dont l'ampleur dépendra des circonstances et de la réaction des adversaires. Plus serait antiquébécoise la réaction de fédéralistes extrémistes (dont les leaders officiels du Non, en ce moment délicat pour eux, ne voudraient sans doute pas trop se dissocier), plus serait décisif le ralliement des Québécois. Dans la période suivant une mince victoire du Oui, les sondages pourraient fort bien montrer que la proportion des citoyens favorisant cette option a considérablement augmenté.

Certes, les adversaires du Oui penseraient à des contre-offensives : référendum fédéral pour « annuler » ou « effacer » la décision québécoise, recours à tous les tribunaux possibles, manifestations « patriotiques » en faveur de l'« unité », déclarations pro-Ottawa de personnalités internationales, invention de propositions de « réforme » dans l'espoir que des partisans du Oui les trouveraient à la rigueur alléchantes, le tout agrémenté d'un encouragement fédéral discret à user de diverses représailles contre le Québec.

Ottawa pourrait aussi « étirer » les négociations consécutives au référendum dans l'espoir qu'avec le temps le sentiment souverainiste diminue, que les gens se désintéressent de discussions jugées interminables ou que des élections portent au pouvoir les dociles libéraux provinciaux. Mais toutes ces manigances et les autres tricheries imaginables, qu'on ne réussirait pas à cacher à la population, auraient de fortes chances de jouer contre leurs auteurs, dont elles confirmeraient la mauvaise foi.

Même très marginalement majoritaire (moins de 1 %, par exemple), un Oui à la souveraineté aurait cependant un impact politique énorme.

Considération à ne jamais perdre de vue : un Oui appuyé par 50 % + (ne serait-ce qu'une fraction de) 1 % de l'électorat modifierait radicalement le rapport des forces à l'avantage des souverainistes, issue que, sans l'avouer en public, redoutent les adversaires.

Souvenons-nous. Avant mai 1980, les fédéraux et leurs alliés provinciaux avaient, pour le référendum à venir, l'une ou l'autre de deux positions qu'ils mettaient de l'avant en fonction de l'air du temps. S'ils pensaient pouvoir le gagner, ils en réclamaient la tenue à brève échéance. Lorsqu'ils craignaient de le perdre, ils rejetaient ce genre de consultation, parce que, disaient-ils, elle nuirait à l'économie, en plus d'être un facteur de division.

Depuis la Grande Peur de 1995, leur approche est plus hypocrite et plus cynique. Ils insistent maintenant sur la nécessité, selon eux, de changer les règles qu'ils ont pourtant acceptées lors des référendums de mai 1980 et d'octobre 1995, aussi bien que pour celui tenu par Ottawa sur l'accord de Charlottetown en 1992. La majorité normale de 50 % + 1 ne leur apparaît désormais plus suffisante : il leur faudrait 60, 66 ou, pourquoi pas, 95 %. Ils exigent aussi, on l'a vu, que la question référendaire porte sur la « séparation » d'avec le Canada, sans aucune allusion à l'association ou au partenariat, même si cette amputation dénature le projet du PQ.

Personne n'est dupe. Ce n'est pas le souci démocratique qui motive ces gens ; inquiets, ils rêvent plutôt d'un stratagème qui, dussent-ils pour cela tricher sur les règles du jeu, garantirait en n'importe quelle circonstance une défaite des souverainistes.

Mais leur attitude est révélatrice d'une préoccupation sur laquelle, étrangement, on a peu, sinon pas du tout, attiré l'attention : se démèneraient-ils autant qu'ils le font si, comme ils aiment à le laisser croire, un éventuel Oui, à moins d'être massif, ne pouvait avoir d'impact sur l'évolution ultérieure des choses ? Et comment ces mêmes gens — qui ont haut et fort affirmé que, malgré son résultat ultra-serré (majorité de 1 % pour le Non), le référendum d'octobre 1995 prouvait que les Québécois avaient opté clairement pour le fédéralisme... — pourraient-ils en effet prétendre qu'avec une majorité semblable le Oui, lui, n'aurait aucune conséquence...?

Les précautions, les balises et autres empêchements qu'ils tentent d'inventer illustrent mieux que tout leur panique à l'idée que les Québécois pourraient, si peu majoritairement que ce soit, opter pour le Oui.

Pourquoi cette frayeur ? Parce qu'ils savent qu'un Oui, même avec une majorité très modeste, aurait un éclat interne et externe suffisant pour changer les rapports de forces et les contraindre, qu'ils le veuillent ou non, à affronter une conjoncture originale dont ne sortirait pas intact le statu quo qu'ils défendent. C'est cette perspective, angoissante pour eux, qui les a amenés en catastrophe à changer leur stratégie pendant la deuxième moitié de la campagne référendaire de 1995. Convaincus jusque-là de vaincre sans grande difficulté, ils ne s'en faisaient pas et prenaient les choses de haut, avec une fatuité patente, mais, saisissant soudain qu'un Oui devenait possible, ils se sont énervés et ont gauchement sorti l'artillerie lourde. Pourquoi se seraient-ils tellement agités si, encore une fois, ils avaient si peu à craindre d'un Oui auquel, avaient-ils déclaré, rien ne pourrait les forcer à donner suite ?

Un Oui engendrerait à coup sûr, chez ses partisans, une nouvelle assurance et un optimisme décrispant ; et, chez certains fédéralistes influents, une remise en question si sérieuse de leur credo qu'elle pourrait susciter, de la part des plus lucides et des plus ouverts d'entre eux, des propositions

LES PROPHÈTES DÉSARMÉS ?

inédites, et même étonnantes, de compromis, auxquelles s'ajouteraient, on peut s'y attendre, celles de souverainistes désireux d'en arriver à un accommodement. Il resterait à voir jusqu'à quel point ces propositions des uns et des autres offriraient une base acceptable de discussion à des fédéralistes battus, mais non terrassés, et à des souverainistes forts de leur victoire référendaire, mais conscients aussi de ne pas être les vainqueurs définitifs d'un combat qu'un résultat serré n'aurait, aux yeux de plusieurs, évidemment pas clos pour toujours.

Une très mince victoire du Oui pourrait donc provoquer une floraison d'idées. Mais elle pourrait tout aussi bien cristalliser un durcissement de part et d'autre. Ce sont là deux hypothèses dont les variantes possibles sont si nombreuses qu'il serait vain de tenter d'en faire ici le tour, sauf pour mentionner qu'un durcissement des fédéralistes, qui serait accompagné de maladresses ou de réactions véhémentes, pourrait donner une impulsion nouvelle à l'aspiration souverainiste.

On le devine : un gouvernement souverainiste serait beaucoup mieux placé pour agir et réagir si le résultat de la consultation lui était largement favorable. Or, dans l'état actuel des choses et pour l'avenir immédiat, il est probable que, avec une question du même genre qu'alors, ce résultat, advenant une victoire souverainiste, ressemblerait à celui, inversé, de 1995.

La question ici n'est pas de savoir si, au regard d'un résultat positif mais faible, l'exercice aurait été utile ou vain. S'il devait conduire à un Oui majoritaire, même avec une majorité menue, aucun doute ne serait permis : l'exercice aurait été judicieux car, pour la première fois dans l'histoire du Québec, il démontrerait, données chiffrées à l'appui, un progrès sans précédent de l'idée souverainiste, ce qui justement ne manquerait pas d'influer sur la conjoncture. Mais, on ne peut porter un tel jugement sur la pertinence de l'exercice qu'*après* le fait, quand le référendum est passé ; c'est seulement alors qu'on sait si on a eu ou non raison de l'entreprendre. Avant, les responsables politiques en sont, au mieux, réduits à prendre des risques calculés.

Dans le cas qui nous occupe, il y aura donc lieu de se demander en temps opportun si, à supposer que les sondages laissent entrevoir une très faible majorité en faveur du Oui, celle-ci est assez fermement acquise pour justifier le lancement d'un référendum. Ou s'il ne serait pas au contraire téméraire, voire politiquement suicidaire, à la lumière de prévisions forcément incertaines, de faire courir au Québec le risque de se retrouver, à cause du déroulement de la campagne ou pour toute autre raison, avec un résultat qui, de prometteur qu'il aurait d'abord semblé être pour le Oui, aurait, en bout de ligne, tourné à l'avantage du Non.

Cette interrogation n'est pas superflue. Un troisième référendum perdu, même de très peu, par les souverainistes aurait des suites catastrophiques non seulement pour le Parti québécois, mais aussi, et surtout, pour le Québec.

IX

Repères

Le Canada anglais doit comprendre de façon très claire que, quoi qu'on dise et quoi qu'on fasse, le Québec est, aujourd'hui et pour toujours, une société distincte, libre et capable d'assumer son destin et son développement.

ROBERT BOURASSA, 22 juin 1990

En politique, quand tout paraît bloqué, que les idées reçues freinent la créativité et que les paramètres en usage figent la pensée, il arrive qu'un réexamen de la situation suggère des approches non encore explorées. Certaines qu'on pressentait par intuition, mais qui ne paraissaient pas jusquelà utilisables, d'autres dont on n'avait pas perçu l'existence et d'autres encore, nées de faits nouveaux, qui changent la donne, par exemple le poids que la Cour suprême a reconnu au processus référendaire.

D'ici la prochaine élection, les périodes propices à la tenue d'un référendum seront peu nombreuses.

Rien n'annonce un référendum pour le printemps 2001. Pas question non plus des mois d'hiver et d'été, ou de ceux précédant immédiatement la prochaine campagne électorale au Québec (à moins que, changeant la loi, le gouvernement ne décide de tenir un référendum en même temps que des élections).

Le sens commun porte donc à croire que, s'il y en a un avant ce scrutin, il devrait se situer au plus tôt à l'automne 2001, ou encore au cours du printemps ou de l'automne 2002. Autant dire que, pour ce mandat-ci du gouvernement, les plages chronologiques n'abondent pas.

Est-il concevable que, d'ici la prochaine élection, l'opinion aura suffisamment changé pour qu'un référendum sur la souveraineté-partenariat, du genre de celui de 1995, récolte une bonne majorité de Oui, par exemple, entre 55 et 60 % ? Et ce, malgré la portée de la gigantesque offensive fédéraliste à laquelle il faut s'attendre aussitôt qu'Ottawa sentira la proximité réelle d'une nouvelle consultation populaire ?

C'est concevable, tout pouvant toujours arriver en politique, mais si cette évolution se produit, on ne la devra certainement pas au Parti libéral de Jean Charest.

Par son attitude sur l'avenir national du Québec, le PLQ a tendance à se dissocier de la majorité québécoise de langue française.

Que ce parti s'oppose à la voie proposée par le PQ est un choix légitime, mais que la question nationale, sous quelque angle qu'on l'aborde (institutions, constitution, langue, etc.), rende les libéraux provinciaux si mal à l'aise, cela reste équivoque, inquiétant même, dans une formation qui aspire à diriger un Québec où, justement, cette question, non encore résolue, se pose depuis des générations.

Équivoque mais compréhensible : dès qu'elle surgit, la « question nationale » amène le PLQ, à son corps défendant, à discuter de sujets qui déplaisent à la population anglophone et allophone, dont il tire une grande partie de ses appuis, et le force à donner son avis sur des solutions qu'appuieraient probablement les francophones québécois, mais qui, à peu près toutes, sont très susceptibles d'indisposer un fort segment de sa clientèle électorale. Il fait donc tout en son pouvoir pour évacuer de l'actualité ladite « question nationale », en affirmant qu'elle n'intéresse personne (pourtant, en plus d'avoir marqué toute l'histoire du Québec, elle fait la manchette dès qu'on en parle), qu'elle ne concerne pas les « vrais problèmes » du « monde ordinaire » (elle est au contraire la cause de plusieurs d'entre eux) et qu'elle nourrit les calculs stratégiques du gouvernement « séparatiste » du Québec (pourquoi, alors, des gouvernements fédéralistes, comme ceux de Jean Lesage ou de Robert Bourassa, s'en sont-ils préoccupés ?).

Le problème présent du PLQ est que la grande majorité de ses membres et de ses sympathisants, par crainte du « séparatisme » ou pour d'autres raisons, se rallient aux thèses centralisatrices et hégémoniques des libéraux fédéraux — en tout cas, leurs votes leur sont acquis — tandis que le PLQ lui-même, parti œuvrant au Québec, devrait normalement défendre et promouvoir avec vigueur des positions inspirées par la situation québécoise globale, ce qui, par la nécessité des choses, le conduirait à proposer des approches contredisant souvent celles préconisées par Ottawa.

Comme dans la relation PLC-PLQ, les partisans du PQ et ceux du Bloc québécois sont, eux aussi, à peu près les mêmes, aucune honte à cela, mais, en ce qui a trait à son orientation politique générale, cette affinité ne soulève pas de contradictions pour le PQ : s'ils divergent sur des questions de détail, ces deux partis partagent une opinion commune sur le sujet essentiel du régime fédéral.

Là-dessus, le rapport PLC-PLQ est plus compliqué. Bétonnés dans leur arrogance proverbiale, les libéraux fédéraux se sentent toujours mandatés pour se livrer à la promotion et à la mise en place du fédéralisme *Canadian* qui plaît au reste du Canada, quels qu'en soient les effets sur le Québec. Peu leur chaut ce que leurs alliés, les libéraux provinciaux, pensent de telles initiatives.

Dilemme, donc. Si le PLQ rejette l'idéologie du PLC, il incommode les puissants fédéraux que ses propres partisans appuient et que plusieurs vénèrent. Mais s'il y cède, il manque à son devoir politique comme parti inscrit dans la vie québécoise, se met à dos de larges tranches d'un électorat qui, lui, voit d'instinct les choses autrement, et peut même fracasser ses chances d'accéder au pouvoir. Le dilemme est infiniment plus embêtant lorsque les libéraux fédéraux, comme c'est aujourd'hui le cas, forment le gouvernement d'Ottawa.

Par tempérament, par fidélité au Québec et quelquefois aidés par la conjoncture, Lesage, surtout, ainsi que Bourassa et Ryan ont en leur temps réussi le tour de force de garder une salutaire distance avec des amis au potentiel aussi encombrant, mais la présente direction du PLQ s'en tire médiocrement à cet égard. Timorée, elle ne se résigne qu'en cas de nécessité (congrès ou besoin médiatique urgent) à prendre des positions qu'on pourrait qualifier d'autonomistes face aux ambitions d'Ottawa, mais elle le fait d'habitude avec une telle cargaison de nuances qu'il semble s'agir d'une exception à sa ligne de conduite normale. On l'a encore constaté en janvier 2001 lorsque le PLQ a rendu publique une première ébauche de son programme constitutionnel.

Ce parti agit comme si la conception *Canadian* du régime s'y était petit à petit implantée et que, moyennant quelques timides correctifs, elle pourrait peut-être, après tout, convenir à un Québec inattentif.

Conscients du blocage décrit au chapitre II, les libéraux provinciaux ont choisi une voie d'évitement à trois embranchements : la négation, l'accusation et la diversion. Ou bien, ils minimisent le problème Québec-Canada, prétendant n'y voir qu'une question d'ordre administratif ou financier. Ou bien, ils en attribuent la cause soit au « manque de souplesse » du gouvernement péquiste dans ses rapports avec Ottawa, soit à une rivalité entre politiciens. Ou bien, pour impressionner les Québécois de langue française dont tout parti doit gagner l'appui majoritaire pour arriver au pouvoir, ils rendent volontiers un hommage verbal à la spécificité du Québec et affirment leur désir de la sauvegarder, mais le font toujours en phrases construites de manière à ne pas trop choquer leurs mentors d'Ottawa. S'entendent-ils au préalable avec eux pour ne dire que ce qu'il faut, et le moins possible de ce qu'il ne faudrait pas ?

Coincé et atteint d'immédiatisme aigu, loin de se montrer intrépide dans ses propositions et ferme dans son ton, l'actuel PLQ persiste à compter sur le vent du moindre effort pour faire mécaniquement tourner, tel le rouleau d'un moulin à prières, les vertus présumées de la cogestion fédérale-provinciale et des arrangements administratifs, « solutions » qui lui semblent nettement préférables à toute autre. « Solutions », personne ne le dira jamais assez, qui laissent croire que le Québec reste une *province* comme les autres, que sont à peu près immuables les règles en vigueur dans le régime et, tant qu'à y être, qu'il appartient à d'autres qu'aux Québécois eux-mêmes de décider de leur sort ultime.

Le pire risque à faire courir au Québec est celui d'une autre défaite référendaire.

Même si 41 % de l'électorat (environ 50 % des francophones) a appuyé le Oui en mai 1980, la victoire du Non a rendu le Québec encore plus perméable aux intrusions d'Ottawa qu'il ne l'était déjà. Pariant sur l'avantage conjoncturel que leur offrait le résultat référendaire et misant sur la morosité des souverainistes, les fédéraux se sont comportés comme si le refus de la souveraineté — *objet de la consultation* — démontrait l'abandon, par les Québécois, de leurs réclamations traditionnelles, le désintérêt envers leur spécificité et leur ralliement au fédéralisme niveleur préconisé par les libéraux de Trudeau — *ce sur quoi le référendum ne portait pas*. Avec préméditation, ils ont tiré de la consultation une interprétation que son résultat ne justifiait pas et l'ont malhonnêtement transformée en impératif politique *Canadian*.

Volontiers prêt à croire la version biaisée que son *National Government* donnait de l'événement, le Canada anglais approuva la machination qu'Ottawa avait mijotée. Fort des lois, règles et coutumes en vigueur dans un régime qui ne reconnaît pas l'existence du peuple québécois et misant sur la « compréhension » des autorités britanniques (alors encore dépositaires de la Loi fondamentale du Canada), le gouvernement central parvint, dix-huit mois après le référendum, à imposer une Constitution qui se singularisait d'une double manière : d'un côté, elle ne respectait en rien les promesses que, Trudeau en tête, on avait faites aux Québécois pour les inciter à voter Non ; de l'autre, elle aggravait la dynamique dominatrice du régime. Depuis 1982, aucun gouvernement du Québec, souverainiste ou fédéraliste, n'a accepté de ratifier le résultat gênant de cette tromperie historique. Mais le fait était accompli et le mal était fait.

La défaite du Oui en octobre 1995 n'eut pas, de loin, l'ampleur de celle de 1980. Tout près de la moitié de l'électorat québécois (environ 60 % des francophones) se prononça en faveur de la proposition référendaire. Un résultat remarquable. On ne s'y attendait pas à l'extérieur du Québec, où il provoqua une crainte sans précédent au sein de la population du reste du Canada et un véritable traumatisme chez les politiciens fédéraux qui se figuraient que « tout était réglé » depuis 1982.

On a dit précédemment que cette crainte aurait pu, selon le proverbe, être le commencement de la sagesse. Elle donna plutôt naissance à un réflexe défensif teinté d'irrationalité, bientôt accompagné d'un durcissement tous azimuts à l'endroit du Québec et suivi, en lieu et place des réformes que les fédéralistes auraient pu proposer, par l'invention d'un Plan B fédéral. Dès ce moment, l'objectif fut de graver dans l'esprit des Québécois l'idée qu'il leur fallait abandonner leurs espoirs de réforme, qu'ils risquaient beaucoup en s'opposant à la volonté de la majorité canadienne-anglaise et que mieux valait, pour eux, s'y soumettre.

Le plus grotesque de l'affaire, en même temps que le moins glorieux, est que ce Plan B fut, en gros, le produit de la cogitation excitée, à Ottawa, de quelques élus libéraux du Québec, francophones de surcroît, soutenus par d'autres croisés de même acabit, des Québécois encore.

On connaît la panoplie argumentaire des apôtres du

système. Ils nièrent l'évidence et refusèrent d'admettre tout fondement sérieux aux litiges Québec-Canada. Contrairement aux engagements pris lors du référendum de 1995, jamais ils ne proposèrent une seule réforme substantielle. *Pas une.* Ils attaquèrent plutôt l'ensemble des réclamations québécoises, y compris celles jusque-là traditionnellement défendues par leurs alliés, les libéraux provinciaux, qu'ils confinèrent d'abord à un silence complice, puis, sous la direction de Jean Charest, au rang humiliant de faire-valoir occasionnel. Leur refus étant global, leur volonté de cadenasser le Québec ne tarda pas à se manifester.

Devenus vedettes consentantes du palmarès *Canadian,* les champions québécois de la minorisation rampante et de l'abandon ont obtenu, de leur acharnement contre l'affirmation des leurs, une célébrité certaine.

Mais sans honneur. Le reste du Canada ne nourrit aucun respect pour ces collaborateurs. Il les larguera vers des postes honorifiques et inoffensifs dès qu'il croira ne plus en avoir besoin. D'ici là, il se réjouit de l'inestimable coup de main que lui donnent ses indigènes préférés dans la tâche indigne qui consiste à présenter aux Québécois la capitulation comme une vertu et à se charger, pour son compte, de « mettre le Québec à sa place ».

Face à des opposants animés d'un tel état d'esprit à Ottawa et ailleurs, un troisième revers référendaire enclencherait la reprise d'un scénario qui, en pire, rappellerait celui de 1980-1982. Il prendrait la forme d'un processus fatal et définitif au cours duquel, victorieux, les fédéraux verraient, par les moyens constitutionnels, administratifs et financiers à leur disposition — ceux qui existent déjà et de nouveaux qu'ils mettraient au point — à créer une situation qui orienterait *une fois pour toutes* l'évolution du Québec dans un sens conforme à leurs intérêts et à leur définition du fédéralisme.

L'opinion publique dans les autres provinces enjoindrait ses élus fédéraux et provinciaux de dresser, les inventant au besoin, tous les obstacles requis pour empêcher le Québec de se livrer, dans l'avenir, à d'autres perturbantes contestations du régime. Cette volonté de répression est déjà manifeste dans le *Clarity Act* voté contre les Québécois par un Parlement où ceux-ci sont en minorité.

Avec un troisième revers, donc, fin de la souveraineté comme voie possible, mais, en même temps, verrouillage dans le même cercueil politique des « deux nations », de la « société distincte », du « fédéralisme renouvelé » et aussi, en complément, de l'« autonomie provinciale ». Entrée en scène de l'ethnie canadienne-française. Pour le temps qu'elle survivra.

Ce revers ferait aussi du Québec, comme État et comme société, la risée des autres nations : elles comprendraient mal le cheminement déconcertant de ses citoyens, politiquement avertis, qui ont élu et réélu un parti souverainiste, mais qui se seraient entêtés à rejeter la raison d'être de ce parti, chaque fois que le gouvernement qui en était issu les consultait à ce sujet.

Bien que les Québécois ne souhaitent pas un nouveau référendum rapproché sur la souveraineté, ils voudraient tout de même que le problème Québec-Canada se règle.

Pendant la campagne électorale de l'automne 1998, les Québécois, peu importe leur allégeance, s'opposaient majoritairement à la tenue, à court terme, d'un troisième référendum sur la souveraineté. Ce rejet était si palpable que le PLQ a voulu profiter du courant en promettant qu'élu il ne tiendrait jamais de référendum, et l'ADQ a fait du kilométrage en proposant un moratoire. Le PQ a réussi à tirer son épingle du jeu avec ses « conditions gagnantes ».

En plus d'illustrer le fait que l'électorat ne manifestait pas une hâte fébrile de voir le Québec accéder à la souveraineté, cette réticence reposait sur des motivations et comportait des leçons qu'il faudrait, au-delà des analyses simplistes au premier degré, essayer de décortiquer. On peut penser qu'une partie du public ne voulait pas être replongée dans les tensions déjà vécues en 1980 et en 1995 ni réentendre les mêmes arguments. Une autre partie, peut-être en gros la même, était d'avis qu'il y avait des cas plus importants à régler dans l'immédiat que celui de l'avenir politique du Québec. Et, pour d'autres, le seul fait d'admettre l'existence d'un problème Québec-Canada est générateur d'« incertitude » ; selon eux, mieux vaut le réfuter, quitte à subir la minorisation en cours, que de tenter de le résoudre.

L'opposition à un référendum rapproché tenait-elle au fait que l'opération aurait ennuyé un public saturé de débats politiques ? Ce serait étonnant : la politique a de tout temps fortement intéressé les Québécois ; autrement, les médias n'y consacreraient pas régulièrement leurs manchettes. La réticence provenait sans doute davantage de ce que, pour des raisons opposées, les fédéralistes comme les souverainistes craignaient de le perdre. Les premiers se rappelaient le résultat serré de celui 1995. Les seconds devinaient l'impact dévastateur qu'aurait sur le Québec un échec de plus.

On s'est peut-être aussi dit, réaction de gros bon sens, qu'un référendum venant d'avoir lieu, il serait superflu de se lancer tout de suite dans un autre qui proposerait le même type de question.

L'ADQ, alliée au PQ lors de la consultation de 1995, a

demandé un moratoire référendaire. Certains ont pensé, bien que ce soit douteux, que, sans aller jusqu'à prôner le Non, ce parti pourrait proposer le boycott d'une consultation qui se tiendrait trop rapidement à son goût. Consigne qu'observeraient de bon gré des nationalistes dits « mous » qui auraient à la rigueur voté Oui, mais ne seraient pas malheureux de se faire souffler une raison présentable les exemptant du devoir civique de se prononcer.

Quelles que soient les sources de leur attitude, la résistance actuelle des Québécois à un référendum prochain sur la souveraineté ne donne pas à conclure qu'ils sont dorénavant disposés à se satisfaire du statu quo. Ils paraissent certes en avoir assez des disputes fédérales-provinciales — c'était déjà le cas il y a plus de trente ans ! — mais ils veulent en même temps garder l'avenir ouvert et refuseraient de consentir à une « trêve » fallacieuse dont l'effet connu serait de laisser le régime marginaliser davantage le Québec. S'ils ne tiennent pas pour le moment à vivre la guerre sainte et le combat extrême que les partisans du régime actuel livreraient à toute nouvelle tentative « séparatiste », ils ne seraient sans doute pas rebelles à une démarche originale qui, sans recréer toutes les tensions accompagnant un référendum sur la souveraineté, pourrait profiter au Québec.

> Pour faire progresser politiquement le Québec, les souverainistes pourraient, si les circonstances l'exigeaient, adapter leur démarche à la conjoncture.

L'une des idées reçues de la « sagesse populaire » régnant chez nous veut qu'au Québec il existe une sorte de règle : les partis conservent le pouvoir pendant deux mandats seulement, après quoi ils retournent dans l'opposition. Mais cette « règle » n'en est pas vraiment une. Elle néglige les longs, voire les interminables règnes d'Alexandre Taschereau et de Maurice Duplessis avant 1960 et elle comporte une exception de taille qui, contrairement au dicton, ne la confirme pas : entre 1966 et 1970, l'Union nationale a été au pouvoir un peu moins de quatre ans et n'a pas obtenu de second mandat.

Formant actuellement le gouvernement, le PQ n'exercera-t-il donc que deux mandats ? Peut-être, mais pas nécessairement. Rien n'empêche a priori qu'il soit réélu pour un troisième. Une fois passés les tourments liés à l'atteinte du déficit zéro, au-delà des incidents de parcours à propos de telle ou telle réforme essentielle et des exigences contradictoires des groupes d'intérêts particuliers, il se peut, tout compte fait, que ses orientations et ses réalisations correspondent aux souhaits de la majorité des électeurs.

Possible aussi que, facteur déjà perceptible lors de la campagne électorale de novembre 1998, le choix du PLQ comme parti de prédilection et comme outil politique des anglophones et d'une bonne tranche des allophones du Québec finisse par caractériser de manière indélébile l'image de cette formation dans la conscience populaire et influe sur elle, au point d'éloigner encore davantage du PLQ la majorité de langue française.

Reste également à savoir si l'ADQ s'attirera des votes qui, autrement, seraient allés au PQ ou aux libéraux provinciaux.

Personne aujourd'hui ne sait de quoi (ni avec qui) sera faite la prochaine élection. Ce qu'on doit retenir du développement précédent est que, si le gouvernement du PQ pouvait compter sur un troisième mandat, il lui serait dès à présent loisible de planifier ses initiatives non sur une pérennité, inexistante en démocratie, mais au moins sur un long passage au pouvoir. Faute de cette assurance, c'est donc à l'intérieur des dix-huit prochains mois (vingt-quatre si les élections avaient lieu au printemps 2003) qu'il devra faire des gestes propres à donner une impulsion positive à l'évolution politique du Québec. Ou, à tout le moins, éviter ceux qui aggraveraient irrémédiablement les choses, par exemple une nouvelle (et ultime) défaite référendaire.

Si aucun progrès d'ordre politique structurant, favorable au Québec, ne survient ou n'est enclenché pendant les deux (ou trois) mandats du PQ, non seulement aucun n'arrivera sous une éventuelle administration des libéraux provinciaux, mais il faut plutôt s'attendre à une régression : la dynamique du régime continuera à s'exercer contre le Québec sans grande opposition, parce que serait parvenue au pouvoir une équipe de politiciens dont tout indique aujourd'hui qu'ils sont peu désireux de la remettre en cause. Qu'anticiper d'autre d'un parti qui, par exemple, prétend voir la fin des disputes fédérales-provinciales dans la cogestion, avec le gouvernement fédéral, de juridictions appartenant au Québec, et ce au sein d'un régime qui garantit la prépondérance ultime d'Ottawa ? « Solution » où, bien entendu, la propagande du PLQ inviterait les électeurs à découvrir une authentique nouvelle approche constitutionnelle. L'approche serait en effet nouvelle : personne n'a jamais jusqu'ici avancé l'idée renversante que l'avenir du Québec pouvait se situer dans la reddition à la logique interne du fédéralisme *Canadian*.

Le fait qu'en démocratie aucun parti n'exerce le pouvoir en permanence amène à réfléchir sur la démarche du PQ *pendant* son passage à la direction des affaires de l'État. Précisément parce que sa démarche n'est pas un objectif, elle pourrait s'adapter à la conjoncture, mais l'opération ne serait pas de tout repos. Il arrive souvent, dans l'esprit de militants bien intentionnés, que la démarche de leur parti se confonde avec son objectif. Ou que le public en général identifie une formation politique à une seule composante de son programme. Ainsi, à chaque élection surgit la question : « Si le PQ est élu (ou réélu), y aura-t-il un référendum pendant le prochain mandat » ? Si la réponse est négative, certains concluent à l'abandon de l'objectif souverainiste ; c'est arrivé en 1981. D'une réponse positive, on déduit que le référendum portera sur la souveraineté, car on tient pour acquis qu'il ne peut ni ne doit porter sur autre chose.

L'auteur est bien placé pour le rappeler : le référendum, conformément à sa nature, devait être un moyen de consultation populaire grâce auquel les Québécois pourraient, entre autres choses, se prononcer sur leur avenir. Or ce moyen s'est transformé au fil des conseils nationaux et des congrès du PQ en une procédure inflexible qui, peu importe les circonstances, devait obligatoirement être suivie au cours de chaque mandat de ce parti et ne pouvait concerner qu'un seul sujet, la souveraineté. Tout autre usage du référendum — ou son non-usage — était perçu par certains comme une dérive hérétique. Le tracé de la démarche se confondit avec l'objectif.

Conception doctrinaire qui soumettait tout gouvernement du PQ à une sorte de « figure imposée », en enfermant sa démarche à l'intérieur d'un couloir exigu à sens unique, à emprunter impérieusement à un moment fixé d'avance, selon un échéancier granitique, sans pouvoir l'infléchir ni en changer la forme ou la dimension. Rigidité qui, s'il s'y pliait, lui enlèverait la latitude qu'un gouvernement normal et responsable doit se réserver.

La définition étriquée et limitative du référendum n'est pas propre à certains partisans péquistes. Pendant la campagne électorale de novembre 1998, les libéraux provinciaux ont rejeté ce moyen de consultation sur l'avenir politique du Québec comme s'il s'agissait d'un truc vicieux ou d'un procédé prohibé appartenant à l'arsenal souverainiste et ontologiquement lié à la « séparation » !

Une formation politique bien branchée sur l'évolution de la conjoncture et soucieuse de faire progresser le Québec, comme c'est son devoir, devrait pouvoir moduler la nature, la forme et l'intensité de son action en fonction des circonstances. Ce serait intelligent. Pas malhonnête.

D'une façon ou d'une autre, la question de savoir si le PQ doit repenser sa démarche finira par se poser ; de fait, elle se pose déjà.

À son congrès national de mai 2000, le Parti québécois s'est sagement abstenu de fixer un échéancier référendaire. À ce moment, aucun référendum n'était annoncé et il restait, avant le prochain, un laps de temps en principe suffisant pour réunir ce que l'on appelait jusque-là les « conditions gagnantes » requises : plus de deux ans, dans l'hypothèse où les élections auraient lieu à l'automne 2002, et deux ans et demi si elles survenaient au printemps suivant, ou même davantage si le gouvernement reportait la consultation à un mandat ultérieur.

Aujourd'hui comme demain, la tenue du référendum demeure liée à la possibilité de le gagner. Le congrès a décalé vers le futur la réalisation de cette heureuse conjoncture en faisant le pari que l'adhésion populaire à la souveraineté s'améliorera en raison des efforts du gouvernement et du PQ pour mieux diffuser leur option. Terriblement têtu, le problème de la conduite à suivre restera donc installé à l'horizon d'ici la prochaine élection, et pendant le mandat subséquent si le PQ était réélu.

C'est pourquoi le gouvernement et le PQ — ainsi que les autres partis et les médias — continueront à scruter l'évolution politique et essaieront de discerner dans quel sens il faudra éventuellement trancher. Plus le temps passera, plus l'analyse deviendra pointue et plus se poseront avec acuité de pressantes interrogations stratégiques et tactiques. Car, il n'y a pas à en sortir, tôt ou tard le jour arrivera où il sera impératif *hic et nunc* de décider, à la lumière de la situation, quels gestes faire : aller de l'avant si le moment est favorable ou gagner du temps, à défaut de pouvoir gagner le référendum, en le reportant à plus tard.

Par sa démission, le premier ministre Bouchard a conféré une dimension supplémentaire à ce questionnement inévitable. Son geste a invité le PQ à s'interroger non plus seulement sur le moment qui conviendrait pour un référendum, mais sur le contenu même de la souveraineté et sur la démarche pour s'en rapprocher.

Car on pourrait modifier la démarche souverainiste elle-même, en concevoir une nouvelle au besoin. La réflexion sur cette possibilité sera facilitée et d'autant plus sereine qu'on gardera en mémoire les conclusions du chapitre précédent sur la puissance d'un Oui et qu'on tiendra compte des deux observations qui suivent.

> **Jamais on ne réussira à modifier le statut du Québec ni à l'extraire du cercle vicieux actuel sans l'appui explicite de l'opinion publique de son peuple.**

Si l'on suppose l'absence de conditions gagnantes pendant l'actuel mandat gouvernemental, les analystes et les historiens de demain pourront toujours découvrir des raisons pour expliquer que, malgré deux longs passages au pouvoir (1976-1985 et 1994-2002 ?), le Parti québécois n'a pas réussi à transformer le Québec en État souverain. Il serait cependant incompréhensible, aux yeux des générations à venir, que ce parti n'ait pas trouvé moyen, pendant ces dix-sept années, à défaut de réaliser la souveraineté, de rendre la dynamique du régime moins politiquement dommageable au Québec.

Le PQ soutient qu'il n'existe, pour le Québec, d'autre solution que le remplacement, par la souveraineté-partenariat, du fédéralisme actuel, celui-ci étant, dans sa version *Canadian,* non réformable dans le sens désiré par les gouvernements québécois successifs. L'expérience démontre en effet qu'aucune des propositions québécoises répétées qui concernaient l'orientation du régime et qui, pour avoir quelque portée, devaient se traduire par des modifications à la Constitution, loi fondamentale du Canada, n'a été retenue par Ottawa et le reste du Canada depuis une cinquantaine d'années.

Par contraste, les réformes qui convenaient à Ottawa et aux autres provinces — et qui accentuaient la dynamique dominatrice du régime — sont demeurées, elles, tout à fait réalisables, et rapidement, sitôt qu'elles s'appuyaient, au Canada anglais, sur un consensus populaire apparent. Ainsi, le coup constitutionnel de 1980-1982. Le consensus anglo-canadien était alors tangible. Hormis quelques nuances prudentes, suggestions divergentes et critiques de circonstance, tous les partis fédéraux ou provinciaux, tous les médias, toutes les organisations d'affaires, tous les organismes représentatifs ou non, bref presque tout le monde en dehors du Québec était en substance favorable au projet trudeauiste.

Deux poids, deux mesures ? Le poids de dix gouvernements (ceux d'Ottawa et des neuf provinces anglophones) a sûrement joué, mais il y a autre chose.

La principale cause du peu de cas qu'on a fait des réclamations du Québec (ses « positions traditionnelles ») est que ses gouvernements d'allégeance fédéraliste n'ont toujours eu recours, dans le débat Québec-Ottawa, qu'à des méthodes, des techniques et des procédés devenus classiques avec le temps (déclarations et discours, résolutions de l'Assemblée nationale, demandes réitérées, discussions fédérales-provinciales, construction de fronts communs interprovinciaux par essence éphémères). Leurs représentants — y compris les souverainistes quand ils utilisaient les mêmes méthodes — essayaient évidemment de « faire bouger » les fédéraux, mais ils restaient souvent incapables de leur démontrer, sans conteste, le solide consensus qui pouvait exister parmi les Québécois sur les orientations préconisées. Leurs vis-à-vis fédéraux avaient alors beau jeu de laisser traîner les choses ou de prétendre démagogiquement que les réclamations plus ou moins solennelles ou pressantes des représentants du Québec n'étaient en définitive que l'expression des ambitions d'élus provinciaux soucieux d'augmenter leur prestige ou de bureaucrates du terroir cherchant à étendre leur empire.

En ne mettant pas la population dans le coup à des moments cruciaux, en ne sollicitant pas son approbation explicite face aux positions défendues par eux en conférences fédérales-provinciales ou autrement, les porte-parole du Québec se privaient du soutien visible et indiscutable de ceux qu'on appelle les « citoyens ordinaires ». Or, avec le recul historique, il y a lieu de croire que, pour maintes questions majeures, cet appui aurait été acquis et que ses conséquences, sur l'attitude d'Ottawa et du reste du Canada, auraient été de loin plus décisives que toutes les réclamations verbales ou écrites des politiciens.

On ne peut par exemple qu'imaginer combien la suite des événements aurait été différente si, après la faillite de l'accord

du lac Meech, le gouvernement Bourassa avait lancé un référendum, peut-être pas sur la souveraineté, mais, au moins,
sur des propositions hardies. On n'a pas voulu ou pas osé le
faire. Cas typique de référendum manqué malgré la présence
de conditions gagnantes !

Les leçons du passé valent ici pour l'avenir : *il est inutile,*
pour le Québec, d'espérer un changement de statut politique,
une réorientation substantielle du fédéralisme qui lui soit avan-
tageuse ou même toute réforme un peu sérieuse du régime si ses
*tentatives en ce sens ne sont pas **au préalable** approuvées et*
appuyées par la population lors d'une consultation référendaire.
Non seulement cet espoir est inutile, mais ceux qui disent
espérer des corrections sont aveugles s'ils pensent y réussir en
procédant à la manière d'autrefois. Volontairement ou non,
ils trompent le public.

Ainsi les libéraux du PLQ, aussi récemment qu'en janvier 2001, semblaient encore croire que les vœux pieux, les
déclarations générales, les échéanciers obscurs, l'aimable
compréhension des autres provinces ou l'insistance auprès
d'Ottawa pourraient suffire à infléchir le régime dans le sens
désiré par le Québec. Ou bien ils sont vraiment convaincus de
cela, et alors ils sont naïfs ou mal informés. Ou bien ils savent
à quoi s'en tenir, et alors ils escomptent simplement que le
public se laissera béatement séduire par de vagues allusions à
un avenir politique (peut-être) meilleur.

La Cour suprême a apporté au débat politique une
composante de toute première importance : Ottawa
et le reste du Canada ne peuvent désormais plus
refuser de négocier avec le Québec des propositions
qui auraient reçu un appui clairement exprimé par sa
population.

En introduisant, dans le processus référendaire, l'obligation pour Ottawa et le reste du Canada de négocier avec le Québec à la suite d'une réponse concluante de sa population sur la souveraineté, la Cour suprême a enlevé aux fédéralistes un de leurs arguments les plus efficaces : la fin de non-recevoir qui, en laissant entendre aux Québécois que leur choix resterait sans conséquence, décourageait des électeurs prêts à voter Oui[1].

Ce qui vaut pour la souveraineté — laquelle modifierait le présent assemblage territorial — doit à plus forte raison valoir pour une proposition qui viserait à changer le fonctionnement du régime en ce qui a trait au Québec, mais affecterait beaucoup moins le Canada comme entité. La Cour suprême n'ayant pas directement abordé ce thème, il se trouvera des chevaliers de l'avocasserie pour contester la logique implicite de la décision et prétendre qu'elle ne s'applique pas à ce genre de proposition. Ou pour soutenir que l'opinion de la Cour, résultant d'un renvoi, n'a pas la portée contraignante d'un jugement. Ils auront beau dire, il n'en demeure pas moins que, sur le plan politique, la Cour a effectivement

---

1. La Cour suprême a dit ceci : « Nos institutions démocratiques permettent nécessairement un processus continu de discussion et d'évolution, comme en témoigne le droit reconnu par la Constitution à chacun des participants à la fédération de prendre l'initiative de modifications constitutionnelles. Ce droit emporte l'obligation réciproque des autres participants d'engager des discussions sur tout projet légitime de modification de l'ordre constitutionnel. Même s'il est vrai que certaines tentatives de modification de la Constitution ont échoué au cours des dernières années, un vote qui aboutirait à une majorité claire au Québec en faveur de la sécession, en réponse à une question claire, conférerait au projet de sécession une légitimité démocratique que tous les autres participants à la Confédération [sic] auraient l'obligation de reconnaître. »

ouvert une brèche désormais non colmatable dans le mur du refus systématique.

Une brèche — une voie — dont les fédéralistes, nonobstant les arguties prévisibles de leurs tatillons procureurs, ne pourront nier l'existence. Pas plus d'ailleurs, s'ils tiennent à offrir une image de bonne foi ici et à l'étranger, que leurs futurs négociateurs ne pourraient décemment, pour contrecarrer le choix des Québécois, abuser des traquenards dissimulés depuis 1982 dans l'actuel processus juridique et politique d'amendement constitutionnel.

Prescrite par la Cour, pour la souveraineté, la négociation qu'enclencherait un Oui clairement exprimé sur un autre thème donnerait au Québec une possibilité sans précédent de provoquer la transformation à son avantage du rapport de force global gouvernant l'ensemble du contentieux constitutionnel.

X

L'autre façon de faire

Mieux vaut découdre que déchirer.
FÉLIX LECLERC, été 1976.

Tout soucieux qu'ils soient de leur devenir collectif, les Québécois pourraient, pour les raisons analysées plus haut, ne pas être disposés, à court ou même à moyen terme, à choisir la voie de la souveraineté.

Si ce devait être le cas, faudrait-il en conclure que le Québec ne peut entre temps rien faire pour se prémunir, plus efficacement qu'à l'heure actuelle, contre les tendances naturelles du régime ? Pas du tout, comme on va le voir dans ce chapitre et les deux suivants, mais à condition d'éliminer d'abord les fausses pistes.

Il ne faut pas chercher à créer artificiellement les « conditions gagnantes »...

Le PQ et son gouvernement doivent promouvoir l'option souverainiste et en expliciter la pertinence. Mais, au-delà de cette tâche légitime et indispensable d'information qui n'est même pas admise partout, toute « condition gagnante » qui aurait l'air fabriquée pour les besoins de la cause ne serait pas perçue comme digne de foi et se révélerait contre-productive. En plus des réactions dubitatives qui accueillent souvent les déclarations des politiciens, s'il y a quelque chose à quoi il faille s'attendre, c'est bien aux accusations de manipulation que les fédéralistes de tout acabit lanceront à l'occasion de n'importe quelle prise de position du gouvernement québécois attaquant telle décision d'Ottawa ou déplorant l'évolution insatisfaisante de tel dossier fédéral-provincial.

Les conflits Québec-Ottawa n'ont pas pour autant perdu leur valeur en tant qu'illustrations de la vraie dynamique du régime, mais on aurait tort d'attendre d'eux qu'ils frappent l'imagination du public au point de le convaincre, par exemple au cours des trente prochains mois, des avantages d'une souveraineté à laquelle il n'a jamais majoritairement adhéré pendant les trente dernières années, malgré la succession de disputes et de coups fourrés fédéraux.

L'accent mis sur les conditions gagnantes, utile pendant la campagne électorale de l'automne 1998, soulève aussi des problèmes. On vient d'en évoquer un : quoi que fasse le gouvernement péquiste, le public en général et ses adversaires en particulier le soupçonneront toujours de travailler par le biais à la mise en place, ou même à la création de toutes pièces, des fameuses « conditions » dont il a avoué avoir besoin pour obtenir un succès référendaire.

L'insistance sur ces conditions laisse aussi entendre que le résultat positif d'un référendum dépend surtout d'un concours de circonstances. Ou, si l'on veut, de la réaction émotive, voire irrationnelle, du public à un événement soudain ou à un cas particulier, alors que le facteur déterminant dans la décision référendaire devrait être l'attraction de la souveraineté elle-même par opposition au maintien d'un régime préjudiciable à l'intégrité politique du Québec. Il va de soi qu'un choix qui serait lié à un problème donné, surgissant providentiellement pourrait-on dire, manquerait de la fermeté qui caractériserait au contraire une décision mûrie, fondée sur une conviction profonde : car toute correction, même cosmétique, apportée aux faits se trouvant à l'origine d'un Oui conjoncturel pourrait le remettre en cause.

La recherche obstinée des conditions gagnantes peut également nourrir la tentation du « refus global » selon lequel il faudrait rejeter d'emblée, en soulignant son insuffisance, tout projet d'arrangement intergouvernemental qui « risquerait » d'améliorer le sort du Québec en lui octroyant une plus grande marge de manœuvre dans la gestion courante de programmes fédéraux-provinciaux existants. On conviendra que la généralisation de cette éventualité n'est ces temps-ci ni imminente ni probable. Par contre, le fait de consentir aux provinces une relative flexibilité dans l'administration de nouveaux programmes sert au besoin de monnaie d'échange ou de lubrifiant à Ottawa, pour s'introduire, ailleurs au Canada, dans des domaines qui ne sont pas les siens. Dans ce cas, le refus du Québec de faciliter l'envahissement de ses compétences serait justifié, mais encore devrait-il être expliqué à la population ; sinon, elle pourrait n'y voir, selon le vœu des propagandistes fédéralistes, que l'absence d'une volonté de coopération des « séparatistes » avec un gouvernement central qui veut, lui, satisfaire des besoins.

Le « refus global » a un jumeau : la « chaise vide ». Y subodorant des leurres, certains souverainistes souhaiteraient parfois que leur gouvernement ne se laisse pas entraîner dans les dédales de discussions fédérales-provinciales qui, sait-on jamais, pourraient conduire à des accommodements que le Québec serait ensuite mal placé pour repousser ; en clair, qu'il boycotte les rencontres intergouvernementales autres que strictement techniques. Leur objectif tacite est que la situation du Québec, au sein du Canada, empire d'elle-même et que ses compétences soient de plus en plus mises en cause et en pièces par Ottawa et ses alliés. Leur espoir secret est que, face à l'acuité de plus en plus perceptible des contraintes du fédéralisme, les Québécois, exaspérés et indignés, réagissent en optant pour la souveraineté.

Mauvais calcul. Tôt ou tard, la population apprendrait que le gouvernement péquiste a laissé pourrir des problèmes qu'il aurait pu, au moins en partie, contribuer à atténuer, et qu'il ne s'est même pas servi à cette fin des moyens qui restaient tout de même à sa disposition. Rares seraient les Québécois qui comprendraient et pardonneraient.

De toute façon, devant la conduite passive ou victimisante du gouvernement et les résultats désastreux de son attitude, le public serait davantage porté à penser qu'il lui faut changer son équipe politique dirigeante qu'à s'en prendre au régime lui-même…

… ni s'engager dans des voies inutilement risquées, voire suicidaires.

Toujours dans l'hypothèse où on ne pourrait pas compter, dans l'avenir prochain, sur un appui majoritaire à la souveraineté-partenariat, il existe une voie théoriquement possible, mais au succès plus que douteux, et une autre que, malgré son étrange attrait auprès de certains, le gouvernement et le PQ ne devraient jamais emprunter.

Première voie : reprise de la question de 1995, corrigée, toutefois, par la promesse d'un référendum de ratification.

La question référendaire de 1980 prévoyait que la population serait de nouveau consultée sur les résultats de la négociation Québec-Canada subséquente à un Oui. Cette deuxième consultation découlait, entre autres motifs, du principe d'autodétermination. Les Québécois possédant, comme peuple, le droit de se prononcer sur leur avenir, ils conservent bien évidemment ce même droit par la suite, notamment celui de porter un jugement sur les conséquences de leur décision, dans ce cas-ci, le résultat des pourparlers Québec-Canada sur le partenariat. En excluant la deuxième consultation, la question de 1995 contrevenait à cette logique et enlevait au camp du Oui un argument rassurant, fondé sur une démarche conforme au processus démocratique et au sens commun. Pour les raisons qu'on sait, dont l'accent mis sur le partenariat pendant la seconde moitié de la campagne référendaire, la consultation s'est soldée par un résultat relativement encourageant, mais il n'est pas impensable que, si l'approche de 1980 avait prévalu, le Oui aurait été victorieux. A-t-on alors manqué une occasion de faire avancer le Québec[1]… ?

---

1. On peut aussi se demander s'il était bien sage de lancer un référendum à une époque où le gouvernement se savait obligé d'entreprendre, quelques mois plus tard, l'opération pénible que devait être l'assainissement des finances publiques (déficit zéro). Si le Oui l'avait emporté, il est acquis que les stratèges fédéralistes auraient rendu la victoire souverainiste responsable des coupes budgétaires et des désagréments qui s'ensuivirent pour à peu près toutes les couches de la société québécoise. Il n'est pas délirant d'imaginer que, dans un tel contexte, une bonne tranche de l'opinion aurait associé l'accession à la souveraineté à des difficultés de gestion qui, auraient prétendu les adversaires, ne se seraient pas produites à la suite d'un Non.

Serait-il opportun, lors d'un prochain référendum sur la souveraineté-partenariat, de revenir à cette approche, c'est-à-dire prévoir une deuxième consultation ? L'affaire semble aller de soi (on ne peut ni ne doit priver les citoyens du droit de se prononcer sur l'aboutissement des négociations), mais il ne faudrait pas penser que cette seule addition à la question de 1995, ou à une autre qui lui ressemblerait, compenserait l'absence, au départ, de conditions gagnantes. Le camp du Oui devrait aussi expliquer pourquoi il ajouterait cette fois une précision importante dont l'omission ne paraissait pas l'inquiéter en 1995. Les adversaires, eux, se serviraient de la correction pour prétendre qu'en 1995, les « séparatistes », en ne prévoyant pas un référendum de ratification, ont cherché à prendre la population au piège (selon l'image, aussi célèbre que dommageable, des homards !) et que, dès lors, la promesse d'une deuxième consultation n'est au fond qu'un truc alléchant, une fourbe promesse que le gouvernement « séparatiste », se découvrant un prétexte quelconque en temps opportun, ne respecterait pas.

Deuxième voie : le baroud d'honneur.

De temps à autre, des militants souverainistes — assez peu nombreux pour que les médias, attirés par le rare et l'exceptionnel, en fassent à l'occasion l'objet de reportages — proposent que le gouvernement et le PQ aient le « courage », si défavorable la conjoncture soit-elle, de procéder à un référendum du même type que celui de 1995 (et même de laisser tomber le volet du partenariat). Selon eux, l'important est de « foncer ». Volontariste, romantique sur les bords, le geste, croient-ils, illustrerait la fidélité sans faille du PQ à sa raison d'être et témoignerait de son rejet des atermoiements politiciens propres aux autres partis. S'enclencherait ainsi, soutiennent-ils, une impulsion, un *momentum* dont se dégagerait une problématique aux enjeux bien plus dramatiques qu'en 1980 ou en 1995. Ces militants misent sur le fait que, forcés de prendre leurs responsabilités et de choisir leur avenir comme peuple, les Québécois se sentiraient obligés, malgré leurs hésitations et parce qu'ils sauraient les conséquences fatales d'un troisième Non, d'opter majoritairement pour la souveraineté !

Négligeant les considérations élémentaires de psychologie, une telle approche serait plus que périlleuse. Pour peu que ne soient pas trop inexactes les constatations sur les tendances de l'opinion contenues dans ce livre et, par-dessus tout, vu que le public québécois — comme tout autre — détesterait à bon droit se voir coincé par son gouvernement et acculé à un choix auquel, pour des raisons peut-être discutables, mais qui le regardent, il n'aurait pas envie de se soumettre, l'opération susciterait l'amertume et conduirait plutôt, par réaction, à un nouvel échec.

S'il optait pour le « baroud d'honneur », le PQ, parti institué pour construire un Québec maître de ses affaires et respecté par les autres, serait blâmé par les citoyens — et peut-être condamné par l'histoire, du moins celle du Canada-Québec — pour avoir, par myopie ou déconnexion de la réalité, plongé ce même Québec dans une entreprise inconsidérée dont, démographie, mondialisation et abus de pouvoir fédéraux aidant, il ne se relèverait pas.

Faute de conditions gagnantes, il vaudrait mieux ne pas tenir de référendum sur la souveraineté pendant l'actuel mandat du gouvernement.

C'est l'idée qui vient tout de suite à l'esprit quand on fait l'hypothèse que les conditions d'un référendum gagnant pourraient ne pas être réunies.

Si les sondages persistaient à montrer la réticence du

public à l'égard d'une nouvelle consultation sur la souveraineté, la décision de s'en abstenir respecterait un sentiment répandu dans l'opinion. En contrepartie, quoiqu'un certain nombre de citoyens seraient reconnaissants de ne pas avoir à prendre une décision déchirante, l'électorat en général en déduirait que c'est par crainte de le perdre que le gouvernement renonce au référendum. En tout cas, c'est ce qu'affirmeraient ses adversaires, frustrés de voir leur échapper la victoire espérée. Ils concluraient bruyamment à l'étiolement insurmontable de la cause souverainiste.

Même sans avoir tenu de référendum pendant son présent mandat, le PQ pourrait, lors de la prochaine campagne électorale, présenter un bilan enviable à maints égards, par exemple des finances publiques saines et une imposition réduite, objectifs jamais atteints depuis une quarantaine d'années. Sauf que le Québec demeurerait politiquement encore plus menacé par la dynamique du régime qu'il l'était au retour du PQ au pouvoir en 1994, une « réalisation » pas spécialement triomphale pour un parti souverainiste.

N'empêche : à défaut d'indications précises et sérieuses étayant l'assurance plus que raisonnable d'une victoire pendant le présent mandat du gouvernement, mieux vaudrait ne pas tenir de référendum, sur la souveraineté du moins. La politique (comme l'économique) est une science inexacte : il n'est jamais possible d'être sûr à l'avance des résultats d'une consultation populaire. Mais, dans tous les cas de figure, une prédiction reste vraie : les séquelles d'un Non seraient si désastreuses qu'il faut presque exiger, avant de lancer un nouveau référendum sur la souveraineté, la certitude de le réussir. N'était-ce d'ailleurs pas là l'engagement implicite derrière l'évocation des conditions gagnantes pendant la dernière campagne électorale ? S'agissant de l'avenir d'un peuple, ne confondons pas courage et témérité.

Le fait d'écarter un référendum pour ce mandat-ci pourrait avoir des retombées désagréables sur l'état d'esprit du PQ et même sur son unité. Nul besoin d'être grand clerc pour postuler que des souverainistes déçus blâmeraient leur gouvernement de ce qu'ils estimeraient être de la pusillanimité, ou pour ne pas avoir su réunir les « conditions gagnantes », comme si cela dépendait seulement de lui. Se manifesterait aussi la déception de ceux parmi les indépendantistes qui resteraient persuadés qu'il aurait suffi de peu pour créer les fameuses conditions nécessaires, réaction à laquelle s'ajouterait la colère des partisans d'un référendum à tout prix. Du tintouin à l'horizon. Il faut s'attendre à ces réactions, mais comme on ne connaît pas aujourd'hui les circonstances qui entoureraient un désistement, ni la façon dont la décision en serait communiquée, on ne peut prévoir avec justesse l'effet d'une telle annonce sur l'état d'esprit des souverainistes.

De toute façon, il ne s'agirait pas d'un abandon de la souveraineté : la consultation se tiendrait tout bonnement au cours d'un mandat subséquent. Aucune loi divine ou physique ne force un gouvernement péquiste à mettre indûment en jeu, à tel moment prédéterminé, l'avenir de la population québécoise.

En revanche, le report du référendum, solution qui aurait un petit air « queue de poisson », recréerait la situation vécue pendant la campagne électorale de novembre 1998 : si le gouvernement est réélu, tiendra-t-il un référendum sur la souveraineté ? La population se satisferait-elle, cette fois, d'une allusion à des « conditions gagnantes » ? Plutôt qu'une réponse en forme d'éternel retour, elle exigerait probablement une prise de position nette : oui ou non, y aura-t-il un référendum sur la souveraineté ? Si c'était non (ou peut-être), cela démobiliserait des militants qui concluraient que la réalisation de leur objectif est catapultée vers un avenir passablement flou. Si la réponse était oui, elle engagerait le gouvernement, même si les circonstances devaient encore se révéler défavorables, à faire courir au Québec, au cours d'un prochain mandat, le danger qu'il voulait précisément lui éviter, pendant l'actuel, en s'abstenant de procéder tout de suite à la consultation !

Certains pensent que la promesse d'un référendum pendant le prochain mandat comporterait, du point de vue souverainiste, un avantage électoral : elle inciterait les partisans du PQ à aller massivement voter. Pour les adversaires du PQ, toute élection est en effet référendaire, chacune leur fournissant l'occasion de battre le parti qui, quoi qu'il dise, « menace », s'il est élu, de faire la souveraineté à laquelle ils s'opposent ; c'est pourquoi ils vont toujours voter en grand nombre. Mais, pour ses partisans, la réaction serait différente : sans garantie formelle que l'élection du PQ conduira à un référendum, beaucoup de souverainistes parmi les plus militants auraient tendance à se désintéresser d'un événement qui leur semblerait n'être qu'une « élection provinciale ordinaire » privée de véritable enjeu « national ».

Cette interprétation est en partie correcte, mais l'accueil que le grand public pourrait réserver à la promesse d'un référendum sur la souveraineté, au cours du mandat à venir, devrait aussi peser dans la balance décisionnelle du gouvernement. Si les citoyens se révélaient réceptifs, fort bien. S'ils y étaient majoritairement réfractaires, la promesse que, réélu, le PQ tiendra la consultation redoutée équivaudrait à annoncer, *avant* sa reconduction éventuelle au pouvoir, une mesure impopulaire qu'il appliquerait *après*, malgré l'opposition des électeurs ! Du moins, c'est l'idée qu'essaieraient de véhiculer ses adversaires, empressés de proclamer que le PQ invite à voter contre lui quiconque ne veut pas, ou ne veut plus jamais, de référendum sur la « séparation ». Ils s'efforceraient même de faire, de ce sujet, un des principaux thèmes de la campagne électorale. Une façon comme une autre, pour eux, de parler de la question nationale…

Malgré tout, le report du référendum sur la souveraineté à un troisième mandat demeure une option valable. Les lignes précédentes montrent seulement que ce ne serait pas aussi simple qu'on peut de prime abord l'imaginer.

Un référendum sur la future Constitution du Québec n'est sans doute pas le meilleur substitut à un référendum sur la souveraineté.

Selon certains, la décision de ne pas tenir de référendum sur la souveraineté devrait inciter le gouvernement à consulter plutôt la population sur la Constitution dont le Québec jugerait nécessaire de se doter, sauf que la substitution ne serait pas si aisée, même s'il va de soi qu'un Québec souverain devrait avoir sa propre Constitution.

Qui l'élaborerait ? Les élus de l'Assemblée nationale après un débat en commission parlementaire ? Mais que faire si, comme c'est prévisible, l'opposition libérale refuse de participer à l'opération ? *Quid* aussi des élus du Québec siégeant à Ottawa ?

Conviendrait-il de s'en remettre à une Assemblée constituante ? Si oui, qui en désignerait les membres, combien seraient-ils et en vertu de quels critères les choisirait-on ? Combien de temps siégerait-elle : six mois, un an ou plus ? En exclurait-on les membres de l'Assemblée nationale ? Si oui, il faudrait expliquer pourquoi un État démocratique devrait rejeter leur apport aux débats. Si l'Assemblée constituante les admettait, il s'ensuivrait que des députés, élus selon un processus connu et fixé par la loi, délibéreraient (en ayant le même poids qu'eux ?) avec des représentants sélectionnés selon des procédures variables, dans ou par leur milieu immédiat (syndical, financier, linguistique, religieux, corporatif, professionnel, sectoriel, régional, etc.). Ainsi de suite. Bref, qui déciderait quoi, comment, quand, et en se fondant sur quelle autorité ?

Problème plus complexe : la Constitution à rédiger devrait-elle être celle d'un Québec souverain ou serait-elle au contraire conçue pour le Québec comme province ? Dans le premier cas, outre qu'elle heurterait les fédéralistes, non seulement l'opération exigerait énormément de temps et d'énergie, mais, vu l'approbation populaire qu'il faudrait obtenir, tout cet effort mènerait en définitive à une autre forme de référendum sur la souveraineté qu'on tiendrait à un moment où, toujours selon l'hypothèse étudiée ici, les conditions gagnantes seraient absentes.

La seconde approche déplairait aux souverainistes, forcerait à introduire dans le projet toutes les corrections imaginables aux lacunes reprochées depuis des générations à la Constitution canadienne actuelle et obligerait à dresser une liste exhaustive des compétences exclusives et partagées. Ce ne serait pas une mince affaire.

Et, dans les deux cas, on assisterait à la manifestation immanquable d'un phénomène classique qui engendre des objectifs inconciliables : chaque couche professionnelle, régionale, linguistique, etc., de la société québécoise exigerait la garantie de ses droits actuels, l'obtention de nouveaux droits ainsi que la confirmation et l'accroissement de tous ses acquis… Autrement dit, tout le monde, partout, voudra être avantagé en tout.

Il y a moyen de faire progresser le Québec autrement.

> Le gouvernement pourrait rechercher l'appui des Québécois en faveur d'une proposition inédite qui serait de nature à transformer la donne politique canadienne.

Les tenants du statu quo n'ont jamais dévoilé ce qu'ils penseraient d'un référendum qui demanderait aux Québécois de se prononcer non pas sur la souveraineté, mais sur des transformations politiques structurantes ou sur des garanties constitutionnelles dont la mise en œuvre modifierait sensiblement le statut et les pouvoirs du Québec.

Silence explicable : aucun gouvernement du Québec n'a encore ni proposé ni entrepris ce genre de consultation. Silence compréhensible aussi, pour une autre raison : les prosélytes de l'actuel fédéralisme ne l'ont jamais suggérée car ils n'auraient pas apprécié qu'une majorité de Québécois répondent Oui à une proposition qui, moins ambitieuse que la souveraineté, aurait tout de même pour but de rectifier, à l'avantage du Québec, la dynamique d'un régime qu'ils tiennent à conserver intact. Dans le passé, sous Duplessis, Lesage, Johnson, Bertrand ou Bourassa, le procédé aurait pris les fédéralistes de court : dans le débat constitutionnel, ils se seraient constamment fait rappeler l'existence d'un consensus clair et mesurable chez les Québécois. Ils n'auraient pas pu se comporter comme si les réclamations québécoises n'émanaient que de politiciens provinciaux « avides de pouvoir ».

En revanche, les défenseurs du système auraient toujours pu arguer qu'un tel référendum ne portait aucune obligation légale. C'est maintenant différent. À moins de déraison complète, il serait difficile, on l'a dit, de saisir pourquoi l'obligation de négocier que la Cour suprême a imposée dans le cas d'un Oui manifeste à la souveraineté ne s'appliquerait pas à un Oui portant sur un autre sujet constitutionnel. Ce qui signifie que :

> Même sans « conditions gagnantes » pour un référendum sur la souveraineté, il resterait tout à fait possible que les Québécois se donnent une meilleure prise sur le régime afin d'en provoquer la réorientation à leur avantage.

En conférant au processus référendaire une légitimité accrue et une force nouvelle, la Cour suprême s'est conduite d'une manière que ne prévoyaient sûrement pas les matamores du Plan B qui, étourdiment peut-être, lui ont demandé son avis. Si bien qu'aucun représentant fédéral ne peut désormais plus réagir comme si, sur une question autre que la souveraineté, l'expression majoritaire et démocratique de la volonté québécoise était un non-événement dont Ottawa, du haut de sa suffisance, et ses fidèles auraient la latitude de ne pas s'occuper.

Cet élément nouveau ouvre des perspectives originales. Il serait irresponsable de ne pas les explorer.

XI

Une voie possible

*Nous avons besoin de toutes les idées qu'il nous
sera possible d'inventer ou de transmettre.*

PIERRE VADEBONCŒUR, *La Ligne du risque*

Faute de conditions gagnantes pour un référendum sur la souveraineté, le gouvernement pourrait donc, au cours de son mandat actuel ou lors d'un prochain, demander l'appui de la population sur une proposition différente, de nature à « faire avancer le Québec », comme on dit en langage courant.

Mais chaque fois que cette idée a été évoquée sous une forme ou sous une autre, elle s'est révélée impopulaire auprès de militants du Parti québécois. Comme si « faire avancer le Québec », *quand il n'y a pas moyen d'atteindre la souveraineté,* contredisait la raison d'être du parti…

Quoi qu'il en soit, s'il prenait cette voie, le gouvernement n'irait sûrement pas se ridiculiser en sollicitant l'avis des citoyens sur un principe théorique ou une vague intention. L'électorat ne serait pas dupe de l'insignifiance d'une opération qui ne mènerait à rien de tangible.

Le gouvernement ne se contenterait pas non plus de fabriquer une proposition « bonnententiste » en tout point acceptable pour le reste du Canada, sous prétexte que celui-ci rejette désormais la dualité canadienne et est fermé à des propositions globales du genre de celles dont les Québécois sont coutumiers ; d'évidence, la conformité gentille aux désirs du reste du Canada ne résoudrait rien quant au Québec.

Une proposition portant sur une timide retouche au fédéralisme n'inspirerait pas davantage confiance : le gouvernement ne serait pas crédible, les souverainistes auraient raison d'être troublés, leurs adversaires auraient beau jeu de dénoncer l'incohérence des dirigeants du PQ et le grand public pourrait rester insensible à ce qu'il jugerait être la reprise inutile de vieux débats sans fin.

L'électorat se méfierait aussi, on le sait, de toute initiative dont il sentirait — ou dont on le persuaderait — qu'elle cherche moins à résoudre une partie du problème québécois qu'à embarrasser tactiquement le reste du Canada afin d'y provoquer une réaction négative de nature à promouvoir la cause souverainiste.

Par ailleurs, force est d'admettre qu'il n'existe pas de proposition qui soit en même temps porteuse de changements substantiels et susceptible de recueillir la quasi unanimité des suffrages. Pour peu que les corrections recherchées visent à provoquer une transformation d'envergure dans le fonctionnement du régime, voire sa mutation, il se trouvera toujours une fraction plus ou moins importante de l'électorat pour les redouter.

Alors quoi ?

Toute proposition référendaire devrait viser les causes du problème Québec-Canada, pas seulement ses manifestations.

Bien des Québécois, qui n'étaient pas encore souverainistes à l'époque, ont pensé, pendant la période 1945-1975, que la solution du problème constitutionnel résidait dans la récupération de pouvoirs et de domaines provinciaux où le gouvernement central avait réussi à s'immiscer. Il était par exemple question de modifier l'article 92 de la Constitution pour y remplacer la vétuste nomenclature des pouvoirs réservés aux provinces par une liste actualisée de domaines dont l'attribution leur aurait été reconnue sans équivoque.

Favorisée par les gouvernements québécois du temps, cette approche laissait les autres provinces indifférentes, quand elle ne les indisposait pas, et le gouvernement fédéral la combattait. Elle n'a jamais donné de résultats et n'aurait d'ailleurs pas pu en donner qui fussent permanents puisqu'elle ne s'attaquait pas aux racines des difficultés, celles qu'identifie le chapitre I. Le même constat vaudrait encore aujourd'hui : à supposer que le Québec réussisse à reprendre la maîtrise de ses attributions, mais sans changement apporté aux tendances actuelles du régime et à ses pratiques, le maintien des normes et règles en vigueur le ferait tôt ou tard régresser vers la case départ.

Compte tenu de l'influence de ces tendances sur l'évolution du régime, toute proposition référendaire qui, pour des raisons conjoncturelles, ne porterait pas sur la souveraineté n'aurait de sens et d'utilité qu'à condition de pouvoir mener à *une correction, en faveur du Québec, de la dynamique politique canadienne elle-même.*

Le contenu de la proposition devrait satisfaire à trois autres exigences : traiter de problèmes dont le public est déjà conscient, viser des objectifs pratiques et découler d'un consensus populaire déjà perceptible. C'est-à-dire être pertinente, efficace et attrayante. Il serait risqué de tenir un référendum sur un principe constitutionnel dont le public ne saisirait pas l'utilité : la réponse serait probablement positive (encore que…), mais la participation populaire pourrait être si faible que le résultat ne secouerait personne dans les cercles qui doivent être ébranlés. Nécessité aussi de concevoir une proposition qui convienne aux Québécois en général, en faisant appel à ce qui, dans leurs aspirations profondes, peut les unir malgré leurs affiliations partisanes ou les divisions normales dans toute société.

Bien entendu, dans l'optique où nous situe l'hypothèse étudiée ici (l'inexistence de « conditions gagnantes »), elle n'aurait pas pour objectif de faire du Québec, à court terme, un État souverain. Le but de la proposition serait de modifier le statut du Québec par rapport au reste du Canada et de le mettre en meilleure posture pour résister à la minorisation politique que, à la longue, lui imposeront de plus en plus les règles en vigueur dans le régime actuel.

Objection : si le Québec parvenait à raffermir ses pouvoirs et à mieux protéger son intégrité sans avoir au préalable acquis la souveraineté, cela ne démontrerait-il pas que celle-ci n'est plus nécessaire ? Non, elle lui demeurera toujours aussi indispensable, dans la mesure où il voudra disposer des leviers qu'elle lui apporterait pour déterminer lui-même les conditions de son interdépendance avec les autres pays, ainsi que la nature de ses relations de tous ordres avec eux.

Si l'amélioration recherchée se produisait, n'y a-t-il pas tout de même un risque que les Québécois s'en contentent et qu'ils délaissent l'idéal souverainiste ? Qu'ils estiment subjectivement moins vitale la souveraineté et qu'ils se satisfassent du progrès accompli ? Ce risque existe en effet, et il s'est présenté chaque fois, au cours des trente dernières années, qu'est survenu un accord Québec-Ottawa ou, par exemple, lorsque la loi 101, adoptée en 1977, a donné aux Québécois un sentiment de sécurité linguistique. À cause de l'aura qui l'entourait, l'accord du lac Meech, s'il s'était concrétisé, aurait aussi pu constituer, au moins pendant un certain temps, une menace sérieuse pour le projet souverainiste. Mais il n'y a pas beaucoup de précédents (s'il y en a) où, après des réussites, des peuples perdent toute ambition et décident de s'en tenir là où ils sont parvenus, plutôt que de se rendre là où ils savent pouvoir arriver.

Il existe depuis longtemps, chez les Québécois, un consensus sur la nécessité, pour le Québec, d'être maître de ses affaires en récupérant, en obtenant et en conservant les instruments et la marge de manœuvre dont il a un besoin vital pour s'acquitter de sa mission unique.

Même si nombre de citoyens n'éprouvent pas un penchant inné ou une ferveur spontanée envers l'option souverainiste, il ne s'ensuit pas qu'ils soient indifférents à l'avenir du Québec, au sort de ses institutions ou à celui, par exemple, de la langue française. Les analyses de l'évolution des attitudes politiques sur plusieurs années, voire sur plusieurs décennies, démontrent d'ailleurs l'impact continu, sur la vie politique, d'un fait incontestable : *les Québécois ont la conviction de former un peuple, ils se comportent comme un peuple, ils se sont donné les institutions d'un peuple, ils ont des façons d'être et des modes d'action qui les différencient des autres Nord-Américains, et ils tiennent à la sauvegarde de la langue française*[1].

Héritage collectif, conséquence d'un sentiment d'insécurité ou volonté normale d'affirmation, cette conviction est à la base de la réalité que rappelait la première observation de ce livre : *de toutes les provinces du Canada, le Québec est la seule à devoir et pouvoir assumer, par ses institutions publiques et privées, la responsabilité de défendre et de promouvoir la spécificité d'une société à plus de 80 % de langue française et qui, pour cette raison notamment, se distingue de la population de langue anglaise qui domine partout ailleurs en Amérique du Nord*[2].

Cette tâche — propre au Québec et si capitale qu'elle força la mise en place, en 1867, d'une forme fédérale et non unitaire de gouvernement — est de moins en moins prise en compte dans les règles en vigueur au sein du régime tel qu'il se façonne, soumis qu'il est au multiculturalisme officiel

---

1. En 1980, le *Livre beige* du PLQ affirmait ceci (page 13) : « […] de manière générale, le Québec se perçoit et s'exprime comme une société de langue et d'esprit français. Au sein de la famille politique canadienne, la société québécoise possède tous les attributs d'une communauté nationale distincte. » Tout récemment (janvier 2001), le rapport préliminaire sur les positions constitutionnelles du PLQ disait : « C'est ce fait français qui est à la base du particularisme québécois ; c'est lui qui explique le rapport différent que les Québécois et Québécoises entretiennent envers le Canada ; c'est lui encore qui fait que l'État du Québec doit assumer une responsabilité collective sans pareille en Amérique du Nord. »

2. On aura compris que cette constatation d'ordre *factuel*, confirmée par l'histoire et les recensements, ne signifie en rien que les citoyens parlant d'autres langues ne font pas partie du peuple québécois ni ne doivent contribuer à la définition de son avenir.

décrété par Ottawa, au principe aberrant de l'égalité des provinces et à la Constitution de 1982. Ce sont là les assises d'un bizarre « statu quo » qui, contradiction dans les termes, permet au Canada d'évoluer, mais en glissant vers une situation où, par le fédéralisme de type impérial qui est en train de s'y instaurer, le Québec se fera de plus en plus politiquement banaliser.

Or à l'encontre de cette tendance que les thuriféraires du régime cherchent à rendre irréversible, il existe un consensus chez la grande majorité des Québécois : *au-delà de leur préférence pour la souveraineté ou le fédéralisme, ou malgré elle, ils s'entendent **au moins** sur la nécessité, pour le Québec, d'être maître de ses affaires en récupérant, en obtenant et en conservant les instruments et la marge de manœuvre dont il a un besoin vital pour s'acquitter de sa mission unique*[3].

---

3. On note souvent, chez certains fédéralistes, la prétention selon laquelle les questions dites « constitutionnelles » sont d'ordre ésotérique, loin des « vrais problèmes ». Si bien que, d'après eux, les gens ont raison de s'en désintéresser et les nationalistes québécois ont tort d'y accorder tant d'importance. En fait, le rapport est fort étroit entre ce que stipule une Constitution et la marge de manœuvre dont dispose un gouvernement pour résoudre des problèmes ou doter sa population des moyens politiques, économiques et autres dont elle a besoin. Par exemple, pour instituer les pensions de vieillesse fédérales au Canada, il a fallu, en 1951, procéder à un changement constitutionnel autorisant Ottawa à s'engager dans ce domaine jusque-là provincial. En même temps, la compétence des provinces en la matière a été préservée. C'est à cette précaution, exigée par Maurice Duplessis, que, parmi d'autres facteurs, on doit la création du Régime des rentes du Québec en 1964, qui a lui-même été le point de départ de ce qui est devenu le plus puissant outil financier des Québécois : la Caisse de dépôt et placement ! Dans un autre ordre d'idée, c'est le silence de la Constitution sur les relations internationales qui a, en partie, permis au Québec d'établir des relations directes avec des pays étrangers.

> Ce consensus a influencé les positions de tous les partis et de tous les gouvernements du Québec depuis plus de cinquante ans.

Il a fourni la matière première de ce qu'on a appelé les « positions traditionnelles du Québec », toujours bien reçues et appuyées chez nous, et son influence demeure encore réelle aujourd'hui :

- sur maints plans, l'*autonomie provinciale* de Maurice Duplessis en découlait ;
- même chose pour le *régime particulier*[4] préconisé par Jean Lesage ;
- l'*égalité ou indépendance* de Daniel Johnson ne le contredisait sûrement pas ;
- le même consensus était présent dans le *rapport Gérin-Lajoie* au Parti libéral à la fin des années 1960 ;
- il s'est reflété dans la *souveraineté culturelle* de Robert Bourassa au début des années 1970 ;
- il était présent dans la réflexion de René Lévesque sur la *souveraineté-association* ;
- il s'est retrouvé dans les prises de position des protagonistes québécois du *fédéralisme renouvelé* ;

---

4. On a dit et écrit que, pendant son second mandat (1962-1966), Jean Lesage s'était fait l'avocat d'un *statut* particulier pour le Québec. L'expression a en effet été utilisée à l'occasion, mais Lesage n'est pas allé jusqu'à exiger explicitement des changements *constitutionnels* en ce sens. À ce moment-là, son gouvernement croyait encore que des arrangements administratifs Québec-Ottawa (par exemple : Régime de rentes du Québec/Plan de pension du Canada) finiraient par modifier la nature même du fédéralisme canadien. L'appellation *régime particulier* utilisée ici correspond donc mieux à la vérité historique que celle de *statut particulier*.

- on en a vu l'influence dans les propositions du *rapport Allaire*;
- la notion de *société distincte* dans l'accord du lac Meech (telle qu'expliquée aux Québécois) l'a symbolisé;
- il n'est pas étranger à la *souveraineté-partenariat* mise de l'avant lors du référendum de 1995.

On ne cherche pas ici à inventer une unanimité rétrospective ni à faire croire que tous ceux ayant pressenti l'existence de ce consensus en ont chaque fois tiré ou même vu toutes les conséquences politiques. Ce qu'il importe de souligner, c'est l'étonnante convergence entre des positions exprimées, à des moments différents, sur le statut et l'avenir du Québec par un nombre remarquable de responsables québécois, souvent adversaires et provenant de formations opposées, mais percevant nettement les préoccupations nationales de la population. Si l'on peut se permettre de l'écrire ainsi : ces gens n'étaient peut-être pas dans le même bateau, mais ils voguaient sur la même rivière…

Une aussi frappante convergence ne peut avoir été, selon l'expression connue, le fruit du hasard : elle se fondait sur la réalité.

> Les deux principaux partis du Québec privilégient des approches qui se situent soit au-delà, soit en-deçà du consensus.

Sans être esclave de l'opinion ambiante et de l'air du temps, un parti souhaite voir s'instaurer une adéquation entre son programme et les préférences de l'électorat. Avec plus ou moins de succès, il essaie au minimum de démontrer que, si celles-ci ne s'y reflètent pas entièrement, elles influent sur ses analyses et colorent les solutions qu'il préconise.

Depuis quelques années, pour ce qui est de l'avenir politique du Québec, les choses se passent autrement.

Le PQ croirait-il contredire son objectif, ou le dénaturer, s'il adaptait sa démarche à une aspiration qu'une éventuelle (quoique impossible, selon lui) mutation du présent régime « risquerait » (peut-être) de satisfaire ? Verrait-il plutôt, dans une telle entreprise, se profiler le spectre ou une réapparition perverse, parce qu'elle est potentiellement séduisante, du « fédéralisme renouvelé » ? Ou considérerait-il que tout engagement dans une direction dont le but ne serait pas, dans l'immédiat, la souveraineté ferait dévier le Québec vers une fallacieuse voie d'évitement et aboutirait, après une énorme perte de temps, d'énergie et d'espoirs, à un énième et débilitant échec constitutionnel ?

En fait, si la souveraineté se révélait inaccessible dans un avenir rapproché, la recherche d'une plus grande latitude pour le Québec serait non seulement normale, mais impérative. En revanche, rien n'obligerait le Québec à se tourner vers un « fédéralisme renouvelé » qui rappellerait celui, jamais vraiment défini, dont il fut beaucoup question entre 1976 et 1980. On verra dans un instant qu'une autre approche existe.

Il se pourrait que, de son côté, le PLQ décèle, dans la fidélité au consensus, une sorte d'enclenchement fatal vers un protoséparatisme incompatible avec le maintien du fédéralisme. Ou qu'il craigne que ce choix ne répugne à ses partisans anglophones et allophones peu désireux d'encourager l'accroissement des pouvoirs et de la marge de manœuvre d'un Québec où les francophones sont majoritaires. Peut-être aussi ce parti estimerait-il que l'aboutissement des efforts déployés en vue de traduire le consensus québécois dans la réalité constitutionnelle serait mal vu par ses alliés fédéralistes à Ottawa et dans les autres provinces ?

Les craintes du PLQ sont en partie fondées. Bien qu'elle

n'équivaille pas à la souveraineté, la concrétisation, même
partielle, d'objectifs issus du consensus ici décrit transforme-
rait la nature du présent régime, ne serait-ce, à titre d'illustration, qu'à cause de la reconnaissance du peuple québécois
qu'elle suppose ou de la mise en place de balises strictes aux
grands pouvoirs d'intervention fédéraux sur le territoire du
Québec.

Sur le plan référendaire, et même purement électoral, il
reste que l'orientation qui se dégage du consensus et qui
serait par conséquent la plus susceptible de rassembler une
majorité significative de Québécois est aussi celle que, dans
leur démarche respective, les deux grands partis du Québec
négligent parce que chacun offre une solution de rechange
autre. Celle du PQ se situe plus loin d'elle que ne le voudrait
actuellement la préférence populaire, alors que celle du PLQ
(qui, à la rigueur, se contenterait du statu quo) se place en
deçà. Chaque parti se confine à ses 35 % ou 30 % de base et
espère être en mesure, lors d'un référendum, de chercher
l'appui de la majorité du reste de l'électorat, calcul beaucoup
plus aléatoire et, donc, plus hasardeux pour les souverainistes
que pour les fédéralistes : les traits socio-économiques et culturels de l'électorat faisant partie du groupe à convertir à la
souveraineté rendent celui-ci beaucoup plus perméable aux
arguments dissuasifs des seconds qu'à ceux, plus mobilisa-
teurs mais moins rassurants pour lui, des premiers.

En partant du consensus, il est possible de mettre au
point une nouvelle proposition à soumettre à la
population.

La souveraineté-partenariat (ou la formule confédérale)

répondrait pleinement à l'aspiration des Québécois à la maîtrise de leurs affaires. Mais, dans le cas où, selon l'hypothèse étudiée ici, ils persisteraient à refuser majoritairement cette voie, le consensus représente un commun dénominateur qui pourrait servir à la confection d'une nouvelle proposition constitutionnelle qui serait recevable par une grande partie de l'électorat, et qui serait de nature à transcender, sans bien sûr les faire disparaître, les fidélités partisanes entre PQ, PLQ et ADQ, ou la division 35-30-35 observable à propos du choix entre la souveraineté et le statu quo.

Par exemple, bien que plusieurs d'entre eux souhaitent davantage, les Québécois seraient certainement d'accord pour que la Constitution reconnaisse la situation particulière qui caractérise le Québec. Ils appuyaient cette idée à l'époque de la « société distincte » de Meech et rien ne laisse penser qu'ils auraient aujourd'hui changé d'opinion.

Convenons que, énoncée en si peu mots, sans explication, une telle reconnaissance ressemble à une banalité. Elle a si souvent été servie à tant de sauces qu'on peut être tenté de n'y voir que la résurgence d'une vaine imploration nostalgique, la quête mythique d'une plaisante clause décorative, symbole folklorique et non levier efficace.

La montagne de pages qui précède aurait-elle accouché d'une souris ? Laissons la caricature et regardons la « souris » de plus près.

Rédigée avec le dessein d'entraîner les effets voulus, une reconnaissance constitutionnelle respectant le consensus dont on a parlé introduirait, dans la loi fondamentale du Canada, une dynamique évolutive d'où procéderaient des changements majeurs aux normes et aux pratiques du régime ; elle ferait lever plusieurs des menaces que ces normes et pratiques font en permanence peser sur l'intégrité du Québec et sur ses moyens d'action.

Car le dessein serait de vraiment répondre, dans la réalité, aux aspirations sous-tendant le consensus. Plus précisément, *cela signifie que le Québec, quoique restant associé à l'ensemble canadien, n'y serait plus vu ni traité comme une simple province à l'instar des neuf autres, mais qu'il deviendrait, par un changement de statut, un État disposant de plus de latitude qu'elles, non parce qu'il leur serait supérieur, mais pour des raisons historiques, culturelles et politiques évidentes. Il s'ensuivrait que sa relation avec le gouvernement central serait à certains égards différente de celle qui continuerait de régir les rapports des autres provinces avec Ottawa.*

Voici une approche qui s'inscrit dans cette perspective :

- **But :** infléchir, *quant au Québec,* la dynamique du présent régime.
- **Procédure :** après approbation de l'Assemblée nationale, le gouvernement demanderait à la population de se prononcer, par référendum, sur un ensemble de modifications à insérer dans la Constitution[5].
- **Portée :** sous peine de rester trompeuses, ces modifications devraient être conçues et rédigées de manière à conduire aux changements désirés. (Un article spécial

---

5. C'est la procédure qu'a choisie le gouvernement fédéral en octobre 1992 lorsqu'il a demandé aux Canadiens d'approuver ou de rejeter le texte de l'accord de Charlottetown. Cet accord, très complexe, portait sur une soixantaine de sujets, couvrait plus de vingt pages grand format, contenait une dizaine de milliers de mots et un grand nombre de passages sur lesquels il n'y avait pas encore, en réalité, d'entente ferme entre les gouvernements signataires ! Comme question claire, on a déjà vu mieux…

du défunt accord du lac Meech privait la clause interprétative sur la « société distincte » d'effet sur le partage des pouvoirs ; il n'y aurait aucune restriction du genre dans le cas présent.)

- **Contenu :** le préambule de la loi 99 répliquant au *Clarity Act* d'Ottawa dit : « Le peuple québécois, majoritairement de langue française, possède des caractéristiques propres et témoigne d'une continuité historique enracinée dans son territoire sur lequel il exerce ses droits par l'entremise d'un État national moderne... ». Fondées sur cette réalité incontestable, les modifications à insérer dans la loi fondamentale du Canada devraient :

— décréter la reconnaissance constitutionnelle du peuple québécois ;

— établir que le but de cette reconnaissance est de créer un nouveau rapport politique Québec-Canada ;

— prescrire qu'elle doit guider le partage des pouvoirs entre Ottawa et Québec ainsi que la répartition des ressources fiscales et financières ;

— confirmer que le territoire du Québec est intangible et qu'il appartient aux Québécois de déterminer eux-mêmes leur avenir.

Les modifications devraient aussi :

— rappeler que le Québec est le maître de ses affaires dans les domaines qui sont déjà les siens en vertu de la présente Constitution (cela va sans dire, mais ira mieux en le disant) ;

— stipuler que cette maîtrise s'étend au domaine de la langue (où les compétences du Québec ont été unilatéralement réduites par le gouvernement fédéral et les autres provinces en 1982) ;

— préciser qu'il reviendrait au Québec de définir, au vu des circonstances et des problèmes à résoudre, les modalités d'application chez lui du pouvoir fédéral de dépenser dans les domaines provinciaux;

— conférer au Québec, pour les domaines de sa compétence actuelle et future, et dans le respect de la politique étrangère et de la politique de défense du Canada, le droit de se représenter lui-même à l'étranger, ainsi que celui de parler et de s'engager en son nom dans certains forums internationaux;

— prévoir la participation du Québec à la désignation des membres québécois de la Cour suprême et du Sénat; et

— garantir que, une fois inscrites dans la Constitution, les nouvelles dispositions ne seraient modifiables qu'avec l'assentiment de l'Assemblée nationale.

Ces dispositions devraient naturellement être traduites en langage juridique, tâche qui dépasse les aptitudes de l'auteur, mais, pour le moment, l'important est de faire ressortir l'esprit et les grandes lignes d'une proposition possible, à préciser et à compléter après l'examen d'aspects techniques non abordés ici. Il ne servirait pas non plus à grand-chose de fignoler dès maintenant une question référendaire en lui donnant la forme qu'elle pourrait prendre au moment de sa présentation, pour débat, à l'Assemblée nationale. Nous n'en sommes pas là.

Ce genre de proposition s'inspire de préoccupations déjà présentes dans l'opinion et vise des objectifs concrets facilement identifiables.

Certains auront le sentiment que l'approche élaborée dans ces pages est trop exigeante. D'autres la trouveront insuffisante en ce sens qu'elle ne règlerait pas tout instantanément — c'est aussi l'avis de son auteur — mais comment aller plus loin si, pour un avenir prévisible, les circonstances fermaient toute autre voie plus ambitieuse ? D'où la nécessité d'explorer le potentiel de cette approche au lieu de compter sur une embellie politique dont personne ne saurait quand elle surviendrait et que personne ne peut créer sur commande.

Nous avons dit, quelques pages plus haut, que la proposition à soumettre à la population doit être pertinente, efficace et attrayante. Celle suggérée ici paraît satisfaire à cette triple exigence. Sa pertinence viendrait du fait qu'elle concernerait des situations auxquelles le public serait déjà alerté au moment de la consultation (par exemple : le *Clarity Act,* les suites de l'entente sur l'union sociale entre Ottawa et les provinces canadiennes-anglaises [où, une fois de plus, on a isolé le Québec], les bourses du millénaire, le droit du Québec d'intervenir en son nom dans les forums internationaux portant sur des domaines relevant de sa compétence, etc.). Elle traite aussi des sujets débattus à l'époque pas si lointaine de Meech (la « société distincte », le pouvoir fédéral de dépenser, la désignation des sénateurs et des juges de la Cour suprême, l'immigration, le veto) et d'autres thèmes qui ont été à l'origine de discussions Québec-Ottawa dans un passé moins récent.

La proposition serait efficace et attrayante parce qu'elle aurait pour but de produire une modification constitutionnelle globale qui :
- donnerait à la reconnaissance du peuple québécois une portée réelle ;
- vaudrait au Québec un des deux principaux gains liés à

l'acquisition de la souveraineté-partenariat (page 100) : la protection de son intégrité et de ses compétences ;

• permettrait une transformation sans heurt du statut du Québec (dès lors que seraient identifiées les conséquences de la reconnaissance constitutionnelle du peuple québécois sur le partage des pouvoirs et des ressources, la proposition pourrait être mise en œuvre progressivement à la suite d'un accord entre les parties) ;

• conférerait au Québec un droit de veto sur tout changement éventuel concernant la nature et l'étendue des dispositions dont il est question ici ;

• corrigerait en partie le traitement inadmissible fait au Québec lors du « rapatriement de la Constitution » en 1982 ;

• maintiendrait, au Parlement d'Ottawa, une représentation québécoise élue dont le rôle, à plusieurs points de vue différent de celui qu'il est maintenant, serait de défendre les intérêts du Québec dans les matières qui resteraient principalement de la compétence du gouvernement central et dans l'exercice des responsabilités qui seraient, après entente, exercées en commun par Ottawa et Québec ; elle participerait aux débats sur les problèmes concernant le Canada et le Québec, s'exprimerait sur certaines grandes questions de l'heure, mais n'interviendrait pas dans les affaires regardant strictement Ottawa et les autres provinces ;

• n'affecterait pas les francophones vivant dans les autres provinces ni les autochtones du Québec ;

• n'aurait pas d'effet sur les rapports économiques Québec-Canada qui existent déjà (donc, aucun « refus » possible de la part du reste du Canada) ;

• n'exigerait pas la création, entre le Canada et le Québec,

de structures politiques et administratives paritaires inédites (donc, pas de discussions laborieuses sur la nature juridique de nouveaux organes, leur représentativité politique et les pouvoirs décisionnels à leur confier);
- n'affecterait pas les rapports des autres provinces entre elles ou avec le gouvernement fédéral.

Malgré son attrait, une proposition référendaire qui ne porterait pas sur la souveraineté n'éliminerait pas nécessairement toutes les réticences de l'électorat...

Une consultation populaire du type examiné ici provoquerait-elle un élan irrésistible vers le Oui chez les 35 % d'« indécis » dont il a été question au chapitre IV ? Créerait-elle un enthousiasme réformateur parmi les 35 % de fédéralistes fermes ?

Comme la problématique qu'on leur soumettrait serait différente de celles de 1980 et de 1995, une partie des premiers pourrait effectivement adhérer au Oui, mais un transfert notable de votes en provenance des seconds serait étonnant. Malgré le contenu moins rebutant pour eux de la proposition, beaucoup voteraient encore Non parce qu'ils seraient, comme c'est leur droit, intimement favorables au maintien du statu quo. Ou parce qu'ils considéreraient l'affaire comme une reprise, illégitime, à leur avis, d'un débat déjà deux fois « réglé ». Et certains détesteraient que l'on reparle encore de l'avenir national du Québec, sujet qui les ennuie.

Plus grave serait la situation où, pour une raison ou une

autre, la population en général réagirait de manière négative ou avec incrédulité à la démarche de son gouvernement. Qu'elle en déduise par exemple, comme les adversaires voudraient alors le faire croire, qu'il mijote quelque fumeuse attrape connue de lui seul. Ou qu'on ne peut plus se fier à lui sous prétexte qu'il « trahirait » la raison d'être du parti dont il émane en faisant un référendum sur autre chose que la souveraineté — comme s'il était, en raison de sa nature, condamné en toutes circonstances à se conformer à une démarche unique, tracée d'avance, et dont il serait pour toujours captif, obligation qui ne s'imposerait à aucun autre parti. Si une telle méfiance devait prévaloir, il faudrait convenir que le Québec restera prisonnier du cercle vicieux dont, pour son bien, il lui importerait précisément de sortir.

Dans le même ordre d'idée, résultat de la lassitude ou d'une métamorphose soudaine que personne n'aurait pressentie, il est théoriquement imaginable que, démentant toutes les tendances de l'opinion publique jusqu'à aujourd'hui, les Québécois soient devenus si indifférents à leur avenir comme peuple et si passifs devant les forces qui agissent sur eux, qu'ils se résignent tout bonnement au statu quo en rejetant n'importe quel projet susceptible de changer les choses. Dans ce cas, fort peu vraisemblable au demeurant, ils devraient cependant assumer la suite logique de leur soumission et entreprendre sans tarder la longue marche vers l'assimilation.

... et elle pourrait indisposer des souverainistes.

Il faut s'attendre à ce qu'un référendum qui ne serait pas axé sur la souveraineté soulève l'inquiétude de certains militants et la colère d'autres, avec, comme séquelle possible, une démobilisation ou une abstention dommageables lors de la consultation.

Des souverainistes « orthodoxes » penseraient peut-être qu'une proposition du type avancé ici découle d'une attitude défensive, qu'elle est « frileuse », passive, dépourvue de perspective stimulante sur l'avenir, sans compter, craindraient-ils, qu'elle laisse persister une trop forte relation de dépendance avec le reste du Canada. D'autres diraient qu'elle n'est qu'une « astuce ». Il devrait cependant être assez facile de montrer que ces réactions seraient non fondées.

Invoquant la lettre du programme de leur parti, ces militants pourraient aussi voir la proposition comme une déviation, un retour au « beau risque » de 1984 ou, pis encore, à l'« affirmation nationale » de 1985, ou croire déceler chez leurs leaders un regrettable manque de vision et de détermination. Certains s'allieraient même objectivement aux partisans du statu quo, en votant contre une approche qui ne conduirait pas à la réalisation intégrale de l'idéal souverainiste.

D'autres, raisonnant linéairement, comprendraient mal qu'après avoir obtenu 41 % des voix en mai 1980, après avoir frôlé les 50 % en octobre 1995 et avec une victoire qui, à partir de cette progression, semblerait mathématiquement à portée de la main, les responsables du camp du Oui changent de cap.

D'autres enfin (les mêmes ?) s'opposeraient à la nouvelle approche non par crainte d'un rejet populaire, mais au contraire à cause de son succès prévisible et du danger qu'elle pourrait, craindraient-ils, représenter pour l'option souverainiste, dont la nécessité risquerait de paraître désormais moins urgente à une partie de l'électorat.

Ces réactions seraient compréhensibles. On demanderait

à ces militants de repartir en campagne pour une proposition qui, bien qu'elle fût très susceptible d'être acceptée par l'électorat, serait à leurs yeux moins mobilisatrice que la souveraineté. Semblerait disparaître, pour plusieurs, la part de rêve qui les motivait et on leur enlèverait l'espérance de vivre à court terme le résultat de leurs efforts de tant d'années. D'un autre côté, il ne faudrait quand même pas oublier que le choix d'une approche autre que celle qu'ils privilégieraient s'effectuerait non pas parce que le gouvernement refuserait de profiter de l'existence de conditions gagnantes pour un référendum sur la souveraineté, mais *parce que ces conditions manqueraient au rendez-vous.*

Si cette hypothèse était par bonheur fausse, l'horizon politique aurait une allure tellement différente que la présente analyse deviendrait sans objet. Par contre, si l'hypothèse devait s'avérer, on se demande bien quelle consolation ou quelle satisfaction ces militants, dont la sincérité, le dévouement et l'énergie ne font aucun doute, tireraient, le cas échéant, d'un référendum « orthodoxe » perdu qui, vu les dispositions agressives et vindicatives de certains artilleurs du statu quo, déboucherait sur une nouvelle — et irréparable — défaite du Québec lui-même.

C'est pourquoi il reviendrait aux dirigeants du PQ de souligner auprès de leurs partisans que, sans équivaloir à la souveraineté, une proposition référendaire comme celle faite dans ce livre ne serait pas en conflit avec elle.

Illogisme? Pas du tout, et on y reviendra plus loin, mais l'encadré qui suit peut aider à clarifier certaines notions. Il traite d'un aspect de la problématique politique dont on n'est pas toujours conscient dans les discussions courantes et prolonge la réflexion du chapitre VII sur la marge de manœuvre réelle que la souveraineté-partenariat offrirait au Québec.

Les fausses oppositions

Dans le débat qui dure depuis les années 1960, on a souvent mis en opposition, comme si elles provenaient d'univers parallèles irréconciliables, les diverses solutions constitutionnelles possibles. Ainsi, la décentralisation administrative, l'autonomie provinciale, l'asymétrie du fédéralisme (dans ce cas-ci, pour toutes les provinces qui la désireraient), la souveraineté-partenariat et l'indépendance ont fini par être vues du public comme des options se contredisant toutes mutuellement, chacune se situant à l'intérieur d'un compartiment délimité, bien étanche.

Or, si ces options sont de nature juridique différente et si leur effet sur la relation Québec-Canada n'est pas identique, elles se situent toutes sur un continuum qui va de la dépendance totale à l'indépendance totale. Leur emplacement sur le continuum identifie le degré de latitude que chacune permettrait au Québec.

Quoique imparfait, ce petit schéma essaie de le montrer. Chaque option y est représentée par une abréviation : dépendance (Dép.), décentralisation (Déc.), autonomie (Aut.), etc. Plus l'emplacement d'une option tend vers la droite, plus grande est la marge de manœuvre que cette option apporterait au Québec :

Dép. Déc. Aut. Asym. Souv.-p. Ind.

Raffinons le schéma en y insérant l'approche alternative **(AA)** suggérée dans ces pages :

Dép. Déc. Aut. Asym. **AA** Souv.-p. Ind.

Cette approche prend ainsi place entre, à sa gauche, un fédéralisme asymétrique qui vaudrait pour toutes les provinces[6] et, à sa droite, la souveraineté-partenariat.

Si on veut jauger la liberté d'action réelle permise par ces options, on constate autre chose : les « frontières » entre elles sont poreuses, en ce sens que, dans la vie réelle, elles peuvent avoir des effets qui s'apparentent partiellement à ceux de l'une ou l'autre de leurs voisines immédiates dans le schéma. Par exemple, une décentralisation administrative est davantage assimilable à la dépendance qu'à une authentique autonomie. Une autonomie dominée par le pouvoir fédéral de dépenser est plus près de la décentralisation administrative que de l'asymétrie, mais elle se rapprocherait de l'asymétrie si elle permettait plus de latitude aux provinces dans leurs champs de compétence.

Le même genre de commentaires peut s'appliquer à l'approche alternative avancée dans ce chapitre. Le nouvel état des choses auquel elle donnerait naissance pourrait ressembler, dans certains secteurs d'activité gouvernementale, à la situation concrète (mais non juridique) concevable advenant la souveraineté-partenariat

---

6. Pour les Québécois, le fédéralisme asymétrique serait préférable au régime actuel, mais s'il devait s'appliquer à toutes les provinces, sa portée concrète serait forcément limitée à cause du peu d'enthousiasme du Canada anglais en faveur de règles du jeu qui contrediraient le principe de l'égalité des provinces. Comme option théorique, l'asymétrie générale existe (c'est pourquoi elle apparaît dans les schémas), mais, en pratique, elle n'a jamais été bien accueillie en dehors du Québec. Tout progrès des provinces anglophones dans cette voie prendrait donc la forme d'arrangements administratifs spéciaux pour telle ou telle d'entre elles, plutôt que de nouvelles dispositions constitutionnelles modifiant le lien fédéral-provincial.

et décrite aux pages 94-95. Ce qui, dans le cas de ces deux options seulement, donnerait le schéma suivant :

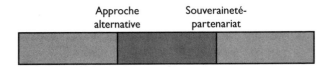

| Approche alternative | Souveraineté-partenariat |

L'espace plus sombre symbolise les domaines où les effets pratiques des deux options seraient semblables. Le nombre et l'étendue de ces domaines dépendraient du résultat des négociations Québec-Canada, de la volonté gouvernementale, de la conjoncture internationale, etc.

Le passage qui précède ne cherche pas à prouver que les deux options sont identiques. Elles ne le sont pas. La souveraineté-partenariat est politiquement supérieure à l'approche alternative et sa nature juridique n'est pas la même. La démonstration veut simplement faire saisir que les deux logent sur un continuum politique gradué et ne sont pas nécessairement, sur le plan concret, en opposition l'une *contre* l'autre, car elles pourraient l'une *et* l'autre conduire, dans plusieurs situations, à des résultats similaires, voire équivalents.

Flairant le danger pour eux que représenterait une proposition en phase avec les préférences de la population, des partisans du régime y verraient sûrement maintes difficultés prétendument insolubles…

Une proposition comme celle retenue ici n'amadouerait sûrement pas ceux des tenants du fédéralisme auxquels répugne toute tentative de réduire la prédominance du *National Government* sur de grands secteurs de la vie québécoise. Pas plus qu'elle ne ferait changer d'avis les politiciens aux yeux desquels l'uniformité constitutionnelle entre les provinces est un article de foi juridique plein de vertu politique. Il faut de la même manière s'attendre à une réaction négative de la part des observateurs et des commentateurs, soi-disant neutres, qui émergent à point nommé dans les médias pour taxer de déficience toute suggestion politique « dérangeante ».

À partir d'une analyse expéditive, saupoudrée de la dose requise d'incompréhension ou de mauvaise foi, ce beau monde prétendrait volontiers que la proposition faite ici (ou toute autre qui s'y apparenterait) serait condamnable, parce qu'elle serait peu séduisante pour le reste du Canada. Ou qu'elle soulèverait des sujets délicats susceptibles de donner lieu à des disputes sans fin : les Québécois forment-ils un peuple ou une nation ? Qui d'entre eux en fait partie ? Comment intègre-t-on ce genre de considérations dans une constitution ? Quelle place faut-il réserver aux autochtones ? Qu'en serait-il des droits des anglophones ? Pourquoi les changements valables pour le Québec ne s'appliqueraient-ils pas aux autres provinces ? Les sceptiques professionnels pourraient aussi dénoncer la proposition en essayant de soutenir qu'elle est née d'une perception ethnique de la société québécoise et qu'elle dénote une mentalité d'assiégé puisqu'elle chercherait à créer une situation où, devant de présumées « menaces » externes, le Québec se sentirait plus en sécurité, tapi et en retrait dans l'enclos réconfortant qu'il se serait aménagé. Aucune de ces critiques prévisibles, ou de ces supposées inquiétudes, ne ferait apparaître de difficultés réellement insurmontables.

Peut-être verrait-on surgir ce concentré fédéraliste d'absurdités qui consiste, d'une part, à réprouver la « séparation » dans les termes les plus durs et à stigmatiser ses partisans avec mépris, mais, d'autre part, en termes non moins durs et méprisants, à accuser de pusillanimité et de duplicité ceux qui se demandent s'il n'y a pas moyen de résoudre en partie la question Québec-Canada par une approche différente. La quintessence de ce raisonnement tordu est que les premiers seraient d'abominables quasi-criminels, et les seconds, trop lâches ou trop hypocrites pour partager le même noble idéal qu'eux… !

Autre chose : comme la proposition suggérée ne tiendrait pas sur l'endos d'un timbre-poste, les mécontents se croiraient évidemment autorisés à la juger longue, compliquée, obscure, « mêlante », tarabiscotée, en somme impropre à la consommation populaire. Son auteur ne lui a pas non plus attribué une de ces appellations contrôlées dont on a coutume chez nous de baptiser les options constitutionnelles. Vice supplémentaire : la démarche est « étapiste ».

Pire, s'y trouvent des éléments qui, dans un passé plus ou moins lointain, ont fait l'objet de discussions au Québec et d'autres qui ont été retenues par tel ou tel de nos gouvernements successifs : recyclage d'anciennes idées, donc. Pour qu'une proposition puisse mériter le qualificatif d'originale, faudrait-il l'inventer de toutes pièces, en s'abstrayant de la situation québécoise, en oubliant les enseignements de l'expérience historique et politique, et en téléchargeant ses composantes à partir de la planète Mars ?

« Qui veut noyer son chien l'accuse de la rage. »

… seraient tentés d'en déformer le sens…

La disparition, dans la charpente constitutionnelle de l'actuel régime, d'un ou deux piliers séculaires devenus nuisibles et le remplacement de quelques poutres bien sélectionnées pourraient en transformer toute l'orientation en ce qui concerne le Québec[7]. C'est l'intention derrière l'approche suggérée dans ce livre. Il est donc improbable que d'éminents porte-parole d'Ottawa essaient d'en détourner les souverainistes en faisant mine de la recevoir comme un effort, parmi beaucoup d'autres ces dernières années, en vue d'un modeste renouvellement du fédéralisme…

Dans toute proposition qui ne serait pas, commodément pour eux, marquée par une pulsion « anti-Canada », les protagonistes du Non se hâteraient plutôt de dénicher une « nouvelle ruse » ou une fraude cryptoséparatiste, ainsi qu'ils l'ont fait pour les questions référendaires de 1980 et de 1995 sous prétexte qu'elles étaient silencieuses sur la « brisure du pays ». Leur rejet serait toutefois difficile à justifier si la proposition contenait, comme c'est le cas dans notre illustration, des éléments tirés de l'accord du lac Meech ou de certaines positions autonomistes de partis non souverainistes.

Ils pourraient aussi interpréter la proposition comme une reconnaissance implicite du fait que les Québécois réprouvent tellement la souveraineté que le gouvernement n'ose même plus leur demander leur avis là-dessus et qu'il en est réduit, pour sauver la face, à se livrer à une manipulation désespérée, culminant, selon eux, en un échafaudage bidon.

---

7. La fin du système dictatorial soviétique a pour beaucoup découlé du changement d'un article de la Constitution de l'ex-URSS, l'article 6, qui fondait le régime à parti unique. À compter du moment où d'autres partis ont été admis, le reste pouvait s'ensuivre. Mais la Russie n'a pas été détruite.

L'efficacité de cette ligne d'attaque n'est pas acquise. Le public se rendrait aisément compte que la substance de la proposition interdirait, à quiconque serait de bonne foi, de la qualifier d'insignifiante. Pour expliquer son choix, le gouvernement disposerait aussi d'un argument que l'électorat en général pourrait considérer judicieux : désireux de faire progresser le Québec, il cherche, comme c'est le droit et le devoir de tout gouvernement, à réunir les citoyens autour d'un objectif rassembleur qui groupe des éléments au sujet desquels il semble exister, chez nous, un consensus historique.

Il se pourrait également que, moralisateurs faisant mine de percevoir dans la proposition un abandon flagrant d'idéal, les leaders fédéralistes accusent le gouvernement de « jouer avec » l'option souverainiste et de « vendre l'âme » du PQ par pur opportunisme. Accusation venant de ses adversaires, ce parti n'aurait pas à s'en préoccuper outre mesure : elle révélerait plutôt un indubitable désarroi en eux, leur cauchemar étant que les Québécois en viennent à dire Oui à eux-mêmes, que ce soit pour la souveraineté ou une transformation du régime.

À l'inverse, ces mêmes leaders auraient peut-être recours à l'argument selon lequel la proposition viserait à implanter indirectement une souveraineté inatteignable directement. Leur raisonnement serait à peu près le suivant : entre la souveraineté-partenariat et le nouvel ordre des choses que voudrait créer cette proposition, la distance concrète serait peut-être si mince que, par un raccourci qui lui épargnerait une rupture avec le Canada, le Québec réaliserait l'essentiel de ce que lui apporterait *en pratique* la souveraineté-partenariat…

Pour ce qui est de la vie de tous les jours, ce raisonnement contient du vrai, mais il néglige une considération capitale : l'accession à la souveraineté exigerait, pour le Québec, le remplacement formel de son statut de *province* par celui de *pays,* geste juridique et acte de naissance qui ne sont pas envisagés dans la proposition décrite plus haut dans ses grandes lignes.

… et essaieraient d'imaginer divers obstacles…

Frustrés d'être privés du référendum « séparatiste » où ils espéraient avoir facilement le dessus et ennuyés de constater que l'obligation de négocier, stipulée par la Cour suprême, se retourne contre eux, les stratèges d'Ottawa seraient-ils tentés d'organiser, au Québec, un référendum à leur goût ? Si l'idée leur en venait, il leur resterait peut-être assez de jugement pour y penser à deux fois et ne pas afficher leur dépit en procédant, comme pour se venger, au type de consultation dont, depuis des années, ils prient les élus du PQ de s'abstenir ! Ils s'exposeraient à recevoir des Québécois une réponse désagréable.

Si une proposition alternative (celle présentée ici ou une autre) leur semblait devoir plaire à la population, ce qui serait fort possible, les défenseurs du statu quo exploiteraient d'avance, pour impressionner les citoyens, les interprétations abusives auxquelles les invite le *Clarity Act*. Ils prétendraient également que la proposition, même si elle obtenait un Oui, serait vouée à l'échec, donc futile, puisqu'elle demanderait au reste du Canada bien davantage que les concessions qu'il serait peut-être, à la rigueur, disposé à « consentir » au Québec.

Légalistes invétérés, ils invoqueraient alors, fatalité bienvenue à leurs yeux, la nécessité de passer par l'actuelle formule d'amendement constitutionnel[8]. Cette formule et les

---

8. Ils ont déjà annoncé que leur attitude serait la même après un Oui à la souveraineté-partenariat.

rites politiques qui l'accompagneraient étant propres à faire dérailler toute négociation, ils s'en serviraient pour « avertir » les Québécois de la longueur et de la complexité des pourparlers à venir, ainsi que pour conclure à leur blocage inévitable et, de là, à l'impossibilité d'une entente entre le Québec et le reste du Canada.

Ou bien ils se replieraient sur des empêchements imaginaires, par exemple sur le fait que, le premier ministre Bouchard ayant été remplacé par un « premier ministre désigné », il serait devenu inopportun et illégitime de consulter la population sur quelque proposition constitutionnelle que ce soit avant les prochaines élections générales. Non contents de prétendre encadrer les questions référendaires québécoises par le *Clarity Act,* voilà qu'ils ambitionneraient dorénavant de choisir eux-mêmes le moment de les poser aux citoyens !

… mais leurs réactions irritées confirmeraient plutôt que la proposition réussit la jonction entre ce qui est nécessaire à court terme, ce qui est souhaité par la majorité des Québécois et ce qui est réalisable.

La condamnation, par les gardiens du temple fédéral, de toute proposition non « séparatiste » contribuerait moins à illustrer leur attachement à l'orthodoxie fédéraliste qu'à laisser transparaître leur affliction devant une approche désemparante pour eux. Il y aurait de quoi :

- Répétons-le : l'avantage le plus marqué d'une telle approche se situe dans l'adéquation qui existerait au départ entre elle et un consensus qui semble présent depuis longtemps au Québec. Si, comme il y a lieu de le croire, ce consensus dure encore, elle rejoindrait le public là où, en majorité, il se trouve politiquement.

- Répétons-le aussi : elle empêcherait l'exploitation, par les adversaires, des épouvantails fabriqués ces dernières années, propagés subliminalement depuis par diverses officines d'Ottawa et placés en réserve pour une utilisation intensive « la prochaine fois ». En extrayant l'objet du référendum de la cible « séparatiste » facile où ses adversaires aimeraient bien le fixer, la nouvelle approche rendrait ridicules et hors de propos leurs arguments terroristes. Le *Clarity Act*, loi fédérale du « cadenas », deviendrait la ligne Maginot d'Ottawa.
- Cette approche permettrait au camp du Oui d'axer son argumentation sur les tendances réelles du régime et sur les forces qui y jouent à l'encontre du Québec.
- Elle le dispenserait en même temps de la prouesse qui consisterait à prévoir, dans le détail et dans tous les domaines, l'avenir à court et à long terme d'un Québec devenu souverain ; c'est en effet là l'impératif extravagant que les fédéralistes, selon leur coutume, tentent toujours de lui imposer (soit dit en passant, comment se débrouilleraient-ils, eux, pour dessiner leur Canada futur avec la minutie qu'ils exigent des autres ?).
- Revenons-y une dernière fois : on ne pourrait pas non plus opposer l'argument selon lequel, pour résoudre « son problème », le Québec dérangerait les autres provinces en leur infligeant des changements dont elles n'ont pas besoin et qu'elles ne réclament pas.
- La proposition que concevrait le gouvernement pourrait déplaire aux libéraux provinciaux, mais il ne leur serait pas facile de s'opposer à son contenu et au fait que l'on veuille consulter la population à son propos. Cela les forcerait :

— soit à démontrer que la proposition n'est qu'un avatar « séparatiste » destiné à « briser » le Canada, ligne d'attaque qui leur ferait renier certains objectifs de leurs chefs historiques les plus importants (le régime particulier de Lesage, la société distincte et la souveraineté culturelle de Bourassa, etc.) ;

— soit à prétendre que la reconnaissance constitutionnelle du peuple québécois accroîtrait trop la liberté d'action du Québec, attitude qui dévoilerait le vide planifié de leur position censément autonomiste, rendue publique en janvier 2001 ;

— soit à proclamer qu'un référendum serait inutile étant donné l'appui prévisible de la population, auquel cas ils conviendraient que la proposition du gouvernement reflète bien les préoccupations des Québécois (alors, pourquoi ne pas l'avoir eux-mêmes imaginée ?).

• Si jamais le PLQ prenait le pouvoir après un référendum lors duquel l'électorat aurait appuyé la proposition, son programme constitutionnel, pour l'instant sommaire, serait tout tracé !

• L'ADQ devrait pouvoir s'accommoder de ce genre de consultation. Comme ce parti est né du rapport Allaire, le public s'interrogerait sur sa cohérence s'il rejetait une proposition qui, sans être identique aux recommandations du rapport, en respecterait la tendance.

Si le référendum portait sur un sujet autre que la souveraineté, on pourrait, moyennant les changements législatifs requis, le tenir en même temps qu'une élection générale.

La loi québécoise actuelle interdit la tenue simultanée d'une élection générale et d'une consultation référendaire, mais pourquoi en serait-il ainsi d'ici la fin des siècles pour tous les référendums ? Dans les États américains, les deux types de consultation ont lieu en même temps.

La dissociation élection-référendum imposée par la loi visait, avec raison, à éviter de faire intervenir, dans la décision *sur la souveraineté*, des considérations sectorielles ou localement partisanes, qui sont d'un ordre différent. Mais si le référendum portait sur autre chose, serait-il inopportun de faire coïncider les deux opérations ? La confusion entre élection et référendum serait-elle, dans ce cas, si dangereuse qu'elle prohiberait d'envisager plus de souplesse dans la pratique de la démocratie québécoise ? La question se pose.

Le changement entraînerait des économies budgétaires appréciables, mais nécessiterait des ajustements aux mécanismes référendaires actuels, y compris aux règles de financement et d'organisation (conserverait-on les comités du Oui et du Non ?), d'où découlent, évidemment, des difficultés techniques, mais aucune qui ne soit insoluble si on s'y met à temps.

Resterait à évaluer l'incidence possible de la simultanéité élection-référendum sur l'ampleur du vote, le discours politique et le résultat électoral.

Si le gouvernement optait pour la proposition suggérée ici, ou pour une autre du même type, il aurait intérêt à l'annoncer sans tarder et à entreprendre tout de suite d'informer systématiquement le public sur son sens, son contenu et sa portée.

Si, dans les mois qui viennent, le gouvernement concluait à l'absence de conditions gagnantes pour tenir un référendum sur la souveraineté et peu plausible un renversement à court terme de la situation, devrait-il en faire part à la population ? Si oui, quand ?

Il lui serait loisible d'agir comme si de rien n'était, en s'efforçant de faire croire à l'inéluctabilité ou à l'imminence, malgré tout, d'un référendum analogue à celui de 1995 et en essayant de donner l'impression d'y croire lui-même. Comportement qui serait peu recevable et exaspérant : d'un sondage à l'autre, l'électorat se convaincrait qu'un Oui à la souveraineté ne figure pas dans l'avenir immédiat et déduirait de la discrétion obstinée du gouvernement que celui-ci, animé de motifs partisans, ne cherche qu'à faire bonne figure dans l'adversité.

La solution consisterait à prendre publiquement acte de la situation et à clarifier les enjeux en annonçant la tenue, avant les élections de 2002 ou de 2003 (ou en même temps qu'elles), d'un référendum sur le thème avancé ici ou sur une variante. Le gouvernement se donnerait de la sorte le temps de procéder, le cas échéant, aux ajustements législatifs requis, de définir l'objet exact de la consultation prévue et d'en expliquer la portée.

Le gouvernement pourrait aussi annoncer qu'il y aura un référendum sur le thème proposé plus haut, mais seulement au cours de son prochain mandat, à condition que l'électorat le lui accorde. Une telle décision éliminerait la difficulté déjà signalée (s'engager *avant* l'élection à tenir un référendum *sur la souveraineté* que le public ne souhaiterait toujours pas, mais qui aurait lieu *après* cette élection, nonobstant ses préférences). On peut penser que l'électorat réagirait avec faveur en apprenant que la consultation à venir porterait plutôt sur un autre sujet.

Par sa transparence, le gouvernement commettrait-il alors la faute de « télégraphier » aux adversaires, longtemps à l'avance, la date du référendum ? Dans le cas étudié ici, le moment de la consultation importerait beaucoup moins que le nouveau thème choisi, car celui-ci modifierait radicalement le contenu usuel du débat sur l'avenir du Québec. Entre autres choses, il en expulserait les arguments classiques des anti-« séparatistes » et le fardeau de la preuve changerait de camp. Au lieu de s'en tenir à caricaturer la souveraineté selon leur habitude, les stratèges fédéralistes auraient des explications à fournir et des comptes à rendre : pourquoi, selon eux, le statu quo serait-il préférable à une réorientation du régime qui correspondrait aux aspirations des Québécois ? Comment réparer le dégât du « rapatriement » de 1982 ? Le Québec n'est-il, pour eux, qu'une province comme les autres ? Une expression géographique ? Une subdivision administrative régionale du pouvoir fédéral ? Si, au contraire, il forme une société distincte et si les Québécois constituent un peuple, pourquoi ces composantes de la réalité n'auraient-elles pas d'effet concret sur les règles en vigueur dans le régime ?

Une fois le thème choisi, devrait-on faire précéder le référendum d'une large consultation publique, comme ce fut le cas avec les commissions sur la souveraineté en 1995 ? Selon l'atmosphère du moment, l'opération pourrait être féconde, mais elle ne paraît pas d'emblée indispensable : éclairé par son expérience antérieure, le gouvernement serait assurément en mesure, après examen en commission parlementaire du thème choisi, d'élaborer et de rédiger lui-même la proposition qu'il soumettrait à la population, après débat et adoption par l'Assemblée nationale.

Le gouvernement devrait-il formuler le contenu définitif de sa proposition référendaire seulement après l'avoir présentée dans un premier temps, comme projet, à Ottawa et aux autres provinces pour connaître leur réaction ? Tout dépendrait des circonstances, mais cela pourrait diffuser l'impression que le gouvernement entreprend de négocier avant d'en avoir reçu le mandat. Il y aurait aussi risque que les adversaires veuillent interpréter le procédé comme une provocation inventée pour produire des « conditions gagnantes » à partir des réactions négatives recueillies. Le mieux serait probablement d'obtenir d'abord l'assentiment des Québécois.

Devrait-il mettre à jour les études existantes sur divers aspects du fédéralisme ? Quelques-unes, peut-être. Si les dossiers gouvernementaux sont, comme d'aucuns le pensent, un réservoir d'analyses et de données techniques sur pratiquement tous les sujets qui pourraient être débattus pendant une campagne référendaire, qu'on les diffuse si on les croit utiles. De toute façon, publiées par tranches ou en rafale, les analyses, expertises et autres dissertations influent peu, ou pas, sur l'opinion quand elles sont, dans le feu de l'action, reçues comme des instruments de propagande.

S'il choisissait la démarche décrite dans ces pages, le gouvernement obtiendrait, du fait même, toute la latitude voulue pour l'expliquer et en débattre.

Chaque fois que le gouvernement a voulu consacrer du temps, de l'énergie ou des fonds à la défense ou à la diffusion de l'option souverainiste, ses adversaires fédéralistes s'y sont opposés avec véhémence. Leur prétention est connue : il n'a pas le droit de promouvoir cette option, le public ne l'ayant pas encore approuvée par référendum !

Or, s'il choisissait la direction suggérée dans ces pages, il aurait toute la latitude voulue pour l'expliquer et en débattre. On voit en effet mal quel parti adverse pourrait soutenir, sans se ridiculiser, que le gouvernement n'a pas l'autorisation d'exposer au public, par les moyens de communication opportuns, la nécessité et les conséquences d'une reconnaissance constitutionnelle du peuple québécois ! Son engagement en ce sens découlerait au contraire du même genre de responsabilité que celle qu'ont assumée les gouvernements de Daniel Johnson père (qui réclamait une constitution fondée sur le principe binational) et de Robert Bourassa (avec la souveraineté culturelle et, plus tard, la « société distincte »). La reconnaissance du peuple québécois viserait à entraîner des suites plus concrètes, plus vastes et plus nombreuses que celles qu'auraient eues les propositions des gouvernements antérieurs, mais cela ne change rien au fait que l'actuel gouvernement du Québec, comme n'importe quel autre, détient en tout temps, de par sa fonction même, le droit indiscutable de la promouvoir s'il la juge indiquée.

Le maintien de l'objectif souverainiste est tout à fait compatible avec la démarche décrite ici.

Aurait-on raison de mettre en doute l'honnêteté d'un gouvernement souverainiste qui lancerait un référendum sur un sujet autre que la souveraineté ? Non. Serait-il, pour lui, logique et convenable de le faire ? Oui, si, pour le bien du Québec, les circonstances l'exigeaient.

La recherche de la souveraineté n'a jamais signifié qu'on devait se désintéresser du reste. Ni qu'il était interdit, faute de pouvoir la réaliser tout de suite, de prendre d'autres moyens légitimes pour confirmer les droits des Québécois, conforter leur marge de manœuvre et enrichir leur « coffre à outils », ce qui, on l'a mentionné, les mettrait en meilleure posture pour accéder à la souveraineté lorsqu'ils le voudraient. Des gouvernements socialistes ont des programmes d'aide à l'entreprise privée et procèdent même à la privatisation de sociétés publiques ; d'autres, de droite, financent de vastes mesures de sécurité sociale. Ces gouvernements sont-ils pour autant en contradiction avec eux-mêmes ? Et que dire des partis opposés les uns aux autres qui participent néanmoins à des gouvernements de coalition ?

Tous les gouvernements de la Terre tiennent compte de la réalité ambiante, des conditions du moment et des tendances prévisibles. Ils le font avec plus ou moins de bonheur, mais ils le font. Comme l'a dit Raymond Aron : « La politique est action, et toute action tend à la réussite ». Pourquoi ce précepte ne s'appliquerait-il pas au Québec ?

Cependant, pour susciter l'embarras et semer la confusion à la veille d'une campagne référendaire sur une proposition du genre de celle déjà décrite, il est sûr que les porte-parole du Non exigeraient du gouvernement, comme « gage d'honnêteté » ou « preuve de cohérence », le renoncement préalable, complet et définitif à la souveraineté elle-même. Ottawa pourrait également avancer une exigence similaire avant les négociations[9].

Céder à cette requête-piège serait une monstrueuse erreur. Une sorte de naïf désarmement politique unilatéral auquel même Robert Bourassa, tout fédéraliste qu'il fût, n'aurait pas souscrit. En effet, si l'électorat agréait une proposition

---

9. Autre possibilité : en échange de son consentement (partiel ?) à la proposition agréée par l'électorat québécois, Ottawa pourrait demander au Québec de souscrire à une nouvelle clause constitutionnelle stipulant que le Canada est désormais « indivisible ». Clause inacceptable : elle nierait le droit des Québécois à l'autodétermination.

sur la reconnaissance constitutionnelle du peuple québécois et le respect de sa spécificité, Ottawa et les autres provinces, ne redoutant plus la souveraineté, auraient la voie libre pour faire traîner les négociations en longueur, dans l'espoir d'un changement de gouvernement au Québec, ou pour offrir des contre-propositions qui videraient de sa substance l'objectif que les Québécois auraient approuvé. Si bien qu'en bout de course les tenants du statu quo pourraient créer une situation leur permettant de se déclarer « généreusement prêts » à consentir à un arrangement Québec-Canada dont la particularité serait de maintenir inchangée la dynamique du régime. On les verrait bien brandir, comme « solution finale » du contentieux et comme « offre de règlement » à prendre ou à laisser, une variante, inoffensive pour eux, de l'insipide déclaration de Calgary ou un sous-Meech quelconque, comme celui du rapport Charest en 1990.

Par contre, pour faciliter les négociations postérieures à un Oui — et à plus forte raison si elles devaient être fructueuses — il n'y aurait rien d'excessif, ce serait même élémentaire à l'égard de ses interlocuteurs, à ce que le gouvernement du Québec consente à deux choses. En premier lieu, ratifier la Constitution de 1982, telle que corrigée par l'application de la proposition acceptée par l'électorat. Ensuite, s'engager à s'abstenir de tout référendum sur la souveraineté pendant un nombre appréciable d'années. Il serait en effet naturel que les Québécois, avant qu'on ne leur demande de se prononcer à nouveau sur leur avenir, disposent d'un laps de temps substantiel pour connaître le nouvel ordre des choses qui découlerait d'un accord Québec-Canada et pour porter un jugement informé sur son fonctionnement et ses résultats.

> L'adhésion des Québécois à une proposition comme celle présentée ici redonnerait l'initiative au Québec et créerait une situation entièrement nouvelle.

Cette phrase ne contredit-elle pas la réalité relevée au début du livre, à savoir que le reste du Canada n'est pas disposé à donner une suite favorable aux réclamations québécoises ? Comment prétendre maintenant que les choses pourraient bouger, alors qu'à la page 28, on semble avoir affirmé exactement l'inverse ?

Il n'y a aucune contradiction. Il s'agit de situations différentes. La constatation du début renvoie à l'état de fait qui dure depuis des années et qui se caractérise par le recours aux techniques et aux méthodes dont les responsables politiques successifs du Québec se sont servis, sans succès, pour appuyer leurs demandes de réformes auprès d'Ottawa et des autres provinces : discours, déclarations, mémoires, etc.

En revanche, l'adhésion populaire éventuelle à la proposition énoncée plus haut, ou à une autre s'inspirant du même esprit, marquerait cette fois la conjoncture de deux facteurs qui en ont jusqu'ici toujours été absents. Réunis, ces deux facteurs modifieraient toute la perspective :

- Le premier serait la confirmation, *par référendum,* d'un authentique et vérifiable consensus des citoyens québécois, pas seulement de leurs politiciens, sur un objectif politique précis. Pour la première fois, ils se seraient rassemblés autour d'un projet, au vu et au su de tous, lors d'une consultation publique formelle tenue à cette fin.
- Le second découlerait de la *décision de la Cour suprême* qui a déterminé que le principe démocratique

oblige Ottawa et le reste du Canada à négocier une proposition québécoise de souveraineté, claire et agréée majoritairement par référendum. Dans le cas d'une proposition que les Québécois auraient appuyée, mais qui ne porterait pas sur la souveraineté, Ottawa et le reste du Canada seraient en toute logique, on l'a déjà dit, obligés de se conformer à l'esprit de l'opinion que les politiciens fédéraux sont allés de leur propre chef solliciter auprès de la Cour et, en conséquence, ne pourraient pas refuser de procéder à la négociation qui s'imposerait. Ils devraient emprunter la route tracée par la Cour elle-même.

Dans ces conditions, le choc d'un Oui aurait, à l'extérieur du Québec, un écho bien plus puissant et bien plus durable que celui qu'y avait provoqué l'élection du PQ en 1976. Pour Ottawa et le reste du Canada, ce ne pourrait plus être *business as usual*, nonobstant une attitude initiale qui serait, on l'imagine, assez peu réceptive. Il leur faudrait tenir compte de la volonté exprimée.

S'il advenait, malgré tout, que les pourparlers Québec-Canada échouent à cause de la mauvaise volonté des tenants du régime, la souveraineté resterait encore accessible. Sans compter qu'il serait alors possible — ce qui n'est pas le cas maintenant — de démontrer aux autres pays qu'avant d'en arriver là les Québécois, agissant toujours démocratiquement, ont, au cours des quarante dernières années, proposé sans aucun succès toutes les solutions constitutionnelles internes qui auraient pu permettre de créer, avec le reste du Canada, une relation plus respectueuse de la spécificité québécoise que celle tolérée par le présent régime.

Cette considération aurait un grand poids au moment où se poserait la question de la reconnaissance internationale du Québec.

XII

Un si grand malheur?

Ce n'est pas parce qu'on attend le grand soir qu'il faut se priver de ce qu'on peut avoir aujourd'hui. Sinon, c'est du masochisme.

PIERRE BOURGAULT, *Le Devoir*, 29 mars 2000

Récapitulons.

Ou bien les conditions d'un référendum gagnant sur la souveraineté-partenariat sont présentes, et ALORS IL PEUT, ET DOIT, AVOIR LIEU. Aucun doute là-dessus, même s'il paraissait indispensable, par précaution prospective, de réfléchir dans ces pages aux gestes qui pourraient convenir dans le cas contraire.

Ou bien une évaluation minutieuse des faits oblige à constater que la situation ne se prête pas à ce référendum. Dans ce cas, plusieurs possibilités. Celles-ci d'abord, toutes à proscrire :

- *Abandon du projet souverainiste*. À rejeter pour les motifs déjà exposés.
- *Lancement du référendum en dépit d'une conjoncture adverse.* Ce serait la fuite en avant, le « baroud d'honneur », festival plus ou moins désespéré engendré par l'entêtement romantico-téméraire d'irresponsables prophètes désarmés, qui serait suivi d'une nouvelle et fatale défaite. « Solution » impensable moins à cause des difficultés qu'elle créerait au PQ (et qui seraient colossales), qu'en raison de ses conséquences catastrophiques pour le Québec lui-même.
- *Reprise de la question de 1995*, adaptée ou non, mais *accompagnée cette fois de la promesse d'un second référendum* (de ratification) *sur les résultats de la négociation*. Le geste paraîtrait cosmétique et serait surtout dangereux : on le ferait à un moment contre-indiqué pour un référendum gagnant.
- *Fermeture du dossier constitutionnel* pour une période indéfinie. Choix souhaité par les tenants du fédéralisme actuel : il leur laisserait le champ libre, en plus de poser d'énormes problèmes d'orientation au PQ.
- *Pensée magique.* On peut imaginer le raisonnement : « Aspiration naturelle, la souveraineté s'inscrit dans le sens de l'Histoire des peuples. Les circonstances en empêchent peut-être la réalisation prochaine chez nous, mais ne laissons pas la réalité du moment affecter les contours et le contenu de notre idéal. Ne cédons à aucune exigence stratégique qui entacherait notre démarche et, par là, son objectif. Reprenons le bâton du pèlerin, plus que jamais munis de la conviction que les Québécois, auxquels nous rappellerons avec persistance le message souverainiste véhiculé depuis une trentaine d'années, finiront bien par se rendre compte, dans

l'avenir, que… ». Nobles intentions, mais qui n'auraient pratiquement aucune chance de modifier les tendances lourdes de l'opinion décrites au chapitre IV. Le Québec continuerait à subir le poids croissant du régime et les assauts répétés de ses fanatiques. Sans défense autre que le recours à des protestations occasionnelles, il se condamnerait à la passivité et à l'affaiblissement politique.

- *Aveuglement volontaire.* Ressemble à la pensée magique, à une différence près : dans ce cas-ci, on soupçonne que le refus de tenir compte de la réalité peut déboucher sur un cul-de-sac, mais, si douloureuse serait cette adversité pressentie, elle resterait moins accablante, se figure-t-on, que les déchirements internes immédiats, aux suites peu contrôlables, qu'aurait à affronter le PQ s'il essayait de s'adapter aux circonstances. Alors, les jugeant inutilement pessimistes, on rejette des observations comme celles qu'on trouve dans ce livre, on évacue les débats qu'elles pourraient provoquer, on fait comme si de rien n'était, on poursuit sur sa lancée, on se persuade qu'un miracle peut toujours arriver. Et quand, plus tard, survient le moment de vérité, celui où il faut assumer les conséquences, on peut toujours dire (et se dire) que, quoique malheureuses, elles sont dues à une fidélité sans faille envers des objectifs fondamentaux et à un irréprochable cheminement rectiligne. On aurait tout perdu, sauf l'« honneur ».

Bien que, à la lumière des pages qu'on vient de lire, leur succès dans l'avènement de conditions gagnantes ne serait pas assuré, les deux possibilités suivantes, *combinées,* sont plus réalistes et plus raisonnables que les précédentes, et donc, à la rigueur, envisageables :

- *Report du référendum au prochain mandat du gouvernement.* Acceptable, mais résurgence inévitable de l'interrogation de la campagne électorale de 1998 (élu, le PQ tiendra-t-il un référendum sur la souveraineté ?) et de la même réponse (oui, quand les conditions gagnantes en seront réunies !). Possible sujet dominant de l'élection (qui porterait ainsi en bonne partie sur le « séparatisme », selon le vœu des adversaires). Solution qui décale le problème dans le temps et exige la reconduction au pouvoir du Parti québécois pour un troisième mandat. Au cours de cet éventuel troisième mandat, la situation deviendrait-elle plus propice à la tenue du référendum souhaité qu'elle ne l'aurait été pendant le second ? Ce ne serait malheureusement pas acquis, mais on peut toujours espérer…

- *Intensification de l'activité militante souverainiste.* Orientation dont la réussite dépendrait, entre autres soutiens, d'une information systématique et constante, appuyée sur un argumentaire largement renouvelé, assez percutant et concret pour persuader de la nécessité et de la faisabilité de la souveraineté une importante fraction de ceux qui y sont encore indifférents ou hostiles. Il faudrait tirer de l'histoire du Québec et des tendances du fédéralisme *Canadian* les leçons qu'elles contiennent et les illustrer par le rappel de faits concrets : trop de gens ont oublié ces leçons ou les ignorent. De la même manière, il importerait de montrer de façon plus persuasive qu'on l'a fait jusqu'ici quels instruments nouveaux et quelles ressources supplémentaires vaudraient aux Québécois leur accession à la souveraineté, et dans quelle mesure ils pourraient, maîtres de leurs affaires et sans aspirer à l'utopie, façonner la société qui leur convient. Ne pas seulement affirmer, mais démontrer.

Sinon, le discours déraperait vers cette forme singulière d'incantation, autorassurante pour des militants souverainistes et certains de leurs leaders, selon qui il suffirait, pour en donner le goût au public, de parler encore plus souvent (idéalement, tout le temps...) de la souveraineté comme d'un objectif dont la réalisation est indispensable et urgente. Méthode qui réconforterait les convaincus sans toucher leurs adversaires, et qui indisposerait peut-être ceux qui se demandent encore quoi penser d'une orientation vers laquelle ils se sentent peu enclins.

Donc, ne pas seulement affirmer, mais démontrer. Expliquer, pour être compris. Attirer vers soi pour se faire appuyer. Clichés ? Oui, parce que, tout cela, les souverainistes le pratiquent depuis des années. Ils ont probablement été, au Québec, les meilleurs communicateurs des temps récents. Pourquoi, alors, les « conditions gagnantes » risquent-elles de manquer au rendez-vous ? Ce livre a tenté de l'expliquer.

Il existe deux autres possibilités :

• *Tenue d'un référendum sur le rapatriement au Québec de tel ou tel pouvoir ou groupe de pouvoirs.* On pourrait en effet consulter la population sur une variété de sujets sectoriels, mais l'opération ne changerait pas nécessairement la dynamique du régime et soulèverait des difficultés. Pourquoi vouloir récupérer ce pouvoir-ci et non, en même temps, cet autre qui paraît tout aussi important ? Ou tous ceux dont le Québec a besoin ? Le référendum sur ce (ou ces) pouvoir(s) serait-il le premier d'une série ? Si oui, quel serait l'objectif ultime de la série et que dirait l'électorat de référendums en cascade ? S'il était unique, faudrait-il conclure que, pour tout le reste, le statu quo est satisfaisant ? Ainsi de suite.

- *Tenue, pendant le mandat actuel ou le prochain, d'un référendum sur une proposition* comme celle présentée ici à titre d'illustration et pour fins de discussion.

Cette proposition a-t-elle des lacunes ? Probablement, comme n'importe quelle suggestion. Serait-elle perfectible ? Certainement. Mais autant le dire tout de suite : il reviendrait à ceux qui ne l'aimeraient pas d'y apporter des corrections. Et, s'ils la rejetaient, d'expliquer pourquoi et d'avancer une autre approche qui soit, selon eux, plus recevable. Ce livre contient une analyse qui n'est sûrement pas impeccable dans toutes ses ramifications, mais qui est aussi serrée et honnête que possible au sujet de réalités politiques québécoises que l'auteur a essayé de regarder en face. En est née, pour le cas où elle serait nécessaire, une proposition qu'il croit, comme on dit, « opérationnelle ». Il s'attend au même effort de réflexion pratique de la part de ceux à qui elle déplairait et qui pensent avoir mieux à offrir, ce qui n'est pas à exclure.

* * *

Prenons l'affaire autrement. Pendant ce mandat ou le prochain s'il l'obtient, il pourrait donc arriver que le gouvernement du Parti québécois doive constater que, *en dépit de ses efforts et malgré un militantisme revigoré*, les circonstances ne se prêtent toujours pas à la tenue d'un référendum gagnant sur la souveraineté, et qu'il soit obligé de conclure que mieux vaut y renoncer. Le cas échéant, serait-ce un si grand malheur ?

Oui, si, en plus de démoraliser les souverainistes, le Québec devait dès lors rester inerte, à la merci du fédéralisme *Canadian*.

Non, si le PQ et le gouvernement reprenaient l'initiative politique. Ce serait faisable. À trois conditions :
- une solution de rechange existe ;
- la population paraît disposée à l'accepter par référendum ;
- malgré une situation adverse pour leur option, les souverainistes demeurent résolus à faire *quand même* « avancer le Québec » et à cette fin ils adaptent aux circonstances leur façon de faire.

Le chapitre précédent montre que la première condition serait satisfaite.

La deuxième serait très susceptible de se réaliser, mais il ne faudrait rien tenir pour acquis. Une partie du public pourrait rester indifférente au contenu ou sceptique au sujet des perspectives de succès de n'importe quelle proposition constitutionnelle inédite. Ou, comme on l'a déjà mentionné, se faire convaincre par les tenants du statu quo que la nouvelle approche n'est pas sincère (une « astuce ») et que son but inavoué est de provoquer une fin de non-recevoir de la part d'Ottawa et des autres provinces en vue d'alimenter l'aspiration souverainiste. Des explications claires et soutenues sur la portée de la proposition, avec rappel de ses racines historiques, désamorceraient pour beaucoup ce genre d'appréhensions, mais sans les éliminer en totalité : il restera toujours des gens pour penser que toute orientation politique un peu réfléchie est d'essence frauduleuse.

La réalisation de la troisième condition serait bien plus douteuse. Comme organisation, comme « establishment » si l'on veut, le Parti québécois éprouverait une quasi irrépressible réticence spontanée envers toute démarche dont l'acceptation l'obligerait à admettre, comble de l'abnégation pour une formation souverainiste, que non seulement son idéal n'est pas à portée de la main et qu'il n'y peut rien pour l'avenir immédiat, mais aussi qu'une solution de rechange plausible existe. Malgré les preuves contraires, des militants du PQ garderaient la conviction erronée qu'une proposition comme celle suggérée dans ce livre équivaudrait à la mise au rancart définitive de la souveraineté, à laquelle se substituerait désormais l'invitation à un nouveau départ vers le renouvellement chimérique du fédéralisme.

C'est classique dans tout parti : la constatation déchirante, bien que corroborée par les faits, que l'un de ses buts essentiels est pour l'instant hors d'atteinte — surtout quand ce but constitue sa principale raison d'être — heurte des convictions profondes et crée l'ambiance voulue pour provoquer des débats pénibles et hasardeux. Y compris des scissions : il y a immanquablement une proportion plus ou moins importante de ses membres qui demeurent persuadés que l'honneur réside dans le maintien intégral du but, ce qui se défend, et de la démarche suivie jusque-là, ce qui se défend moins bien s'agissant d'une question d'un ordre différent. En tout cas, ces militants refuseraient d'adapter leur action à ce qu'ils jugeraient être un éphémère air du temps : ils y verraient une honteuse échappatoire, oublieuse de leur idéal.

Pourtant, dans le passé, le PQ n'a jamais eu à regretter de s'être s'adapté aux circonstances. Ainsi, à son congrès national de novembre 1974, il a pris une décision qui, difficile pour d'aucuns, a néanmoins été à l'origine de conséquences positives à la fois pour le parti et pour le Québec. Modifiant la démarche qui était jusque-là la sienne, mais non son objectif, il a changé son programme pour y introduire le référendum comme étape obligatoire dans le cheminement des Québécois vers la souveraineté, précision qui démontrait à la communauté internationale que le Québec voulait accéder démocratiquement à la souveraineté, selon des règles admises partout, ce qui, le moment venu, aiderait à sa reconnaissance par les autres pays.

Il y avait une autre raison : tous les sondages, tous les contacts avec les citoyens, prouvaient que la population tenait à choisir elle-même son avenir politique, au moyen d'une consultation organisée à cette fin. Si le PQ ne s'engageait pas à obtenir, par cette consultation, l'assentiment préalable du public à la souveraineté, beaucoup d'électeurs, c'était visible, s'abstiendraient de voter pour lui de peur de se voir entraînés, après un simple vote majoritaire des députés, dans une direction qui les faisait hésiter. Le lien automatique entre élection et souveraineté créait une résistance qui, estimait-on, écarterait indéfiniment le PQ du pouvoir. Or l'insertion du référendum dans son programme fut une des causes de sa victoire de novembre 1976. Élu, il enclencha des réformes considérables. Qu'on pense seulement à la loi 101, que lui seul pouvait faire adopter. Certes, il ne réalisa pas la souveraineté, mais tout le monde doit admettre qu'il contribua à transformer le Québec de manière durable, résultat que, à moins de former le gouvernement, il n'aurait jamais pu obtenir[1].

Un parti politique est un peu comme une armée : il a des soldats, des buts, des stratégies, des tactiques et des armes.

---

1. Lors du même congrès de novembre 1974, le PQ dut résoudre une autre question : quelle politique constitutionnelle suivrait-il entre son arrivée au pouvoir et l'adhésion des Québécois à la souveraineté ? Il fit une addition à son programme : tant que durerait le régime fédéral, un gouvernement péquiste défendrait les intérêts fédéraux-provinciaux du Québec en préconisant des positions autonomistes. Personne, et pour cause, ne songea un instant à accuser le PQ d'abandonner de la sorte la souveraineté pour tenter plutôt de « renouveler » le fédéralisme.

Une armée ne disposant que de tanks pour des combats navals, ou de navires pour des opérations en montagne, en serait réduite, pour vaincre, à attendre que le champ de bataille se déplace à l'endroit propice pour elle ! Mais, entre-temps, l'autre armée progresserait, s'installerait et se renforcerait. Sur le plan militaire, on ne tolérerait pas longtemps une telle situation. L'analogie est imparfaite, mais elle aide à saisir la problématique dont ces pages traitent. Si les circonstances, sur le terrain, l'empêchaient d'utiliser l'arme du référendum sur la souveraineté, le gouvernement du Parti québécois devrait-il, mal outillé, laisser les fédéraux, bardés de la Constitution actuelle, aidés par les autres provinces et forts de gigantesques surplus budgétaires, investir les compétences du Québec et menacer son intégrité jusqu'à ce que la conjoncture tourne en faveur de la souveraineté, pourvu qu'alors il ne soit pas trop tard ? Son devoir, en même temps que le bon sens, ne l'inciterait-il pas plutôt à s'équiper pour prendre l'initiative et passer à l'attaque ?

*   *   *

Même après avoir froidement constaté que, à plus ou moins long terme, la conjoncture desservira leurs projets, peu de partis aux racines idéologiques bien ancrées se résolvent aux correctifs qu'impose le souci d'affronter avec succès les vicissitudes de la vie politique. Réflexe naturel : en plus d'alimenter, dans le public, une certaine confusion rapidement exploitable par les adversaires, la décision d'effectuer les réorientations nécessaires et les ajustements requis risque de susciter le sentiment, chez des militants, qu'on s'apprête à affadir ou à défigurer la mission fondatrice de leur formation.

C'est pourquoi, par crainte de secousses internes se répercutant sur la population, ces partis, faisant bon cœur apparent contre mauvaise fortune réelle, restent le plus souvent inébranlables sur leurs positions déjà connues et affirment, avec un aplomb de commande et une sérénité officielle digne de respect, mais non d'admiration, que l'avenir leur donnera un jour raison.

Il est donc fort possible que le PQ rejette une proposition alternative, ou toute suggestion analogue, même si, dans leur for intérieur, bon nombre de ses membres et de ses partisans, une majorité peut-être, y voyaient du mérite. Les sillons d'où devait jaillir l'élan souverainiste deviendraient des tranchées où ils se réfugieraient.

Si cette attitude devait prévaloir, alors là, oui, ce serait effectivement un grand malheur. Car la situation serait absurde. Et ses suites, dramatiques.

Le parti fondé pour extraire le Québec des entraves du régime actuel et lui permettre de réaliser tout son potentiel aurait, pour des motifs explicables selon des critères partisans mais peu admissibles à l'aune de l'Histoire, refusé de poursuivre sa mission d'une autre manière en prenant les moyens légitimes à sa disposition. Par là, ce parti aurait laissé les adversaires du Québec parachever, en s'appuyant sur des normes et des règles édictées par eux, l'*inverse exact* de ses généreuses et enthousiasmantes ambitions initiales…

Oser

> *Au lieu de s'éteindre, la conscience qu'ont les Québécois de former un peuple distinct voulant être reconnu et accepté tel quel retrouve vie à chaque fois qu'on pense l'avoir enterrée.*
>
> CLAUDE RYAN, *Le Devoir*, 20 mai 2000

Les Québécois discutent depuis longtemps de leur avenir. Les partis, comme les citoyens, ont consacré à ce sujet une quantité phénoménale d'énergie, d'imagination et de ressources.

Au fil du temps, des Québécois sincères, compétents et ouverts, engagés en politique ou non, ont élaboré des projets de réforme constitutionnelle souvent fort convenables.

Sans résultat.

Un fait demeure : le problème que pose au Québec le fédéralisme *Canadian* reste entier, toujours aussi réel qu'il y a une ou deux générations.

Les chantres du régime tiennent à river le statu quo au fond du sarcophage légaliste de la Constitution de 1982, chef-d'œuvre de la duplicité trudeauiste que, dans un geste illégitime jamais corrigé depuis, Ottawa et le Canada anglais ont imposée au Québec. Sous prétexte que « la question n'intéresse personne », ces souteneurs du fédéralisme *Canadian* conseillent aux Québécois de « tourner la page » et d'« abandonner les vieilles querelles » pour « avoir la paix », « passer à autre chose » et « s'occuper des vrais enjeux ». Les suivre sur ce terrain, cadastré et piégé par eux, perpétuerait la vulnérabilité du Québec, ce qu'ils souhaitent.

Le problème constitutionnel existe non pas parce que « les "séparatistes" l'ont inventé » ou « aiment en parler », mais parce que, jamais réglé, il empoisonne et continuera à empoisonner la vie québécoise et canadienne.

D'ailleurs, en vertu de quoi les Québécois, à l'opposé de ce qui est normal chez les autres peuples, seraient-ils coupables, eux, de se préoccuper de ce que sera leur sort dans le monde qui est en train de se créer ?

*   *   *

Si s'avérait impossible la tenue d'un « référendum gagnant », pendant encore combien de temps devrions-nous continuer à nous interroger sur nous-mêmes, alors que tous les autres peuples ont l'air de savoir qui ils sont ? Dix, trente ou X ans ? Ou jusqu'à l'instant où, quand nous aurons enfin compris qui nous sommes et décidé qui nous pouvons être, il sera trop tard pour le devenir ?

Et qu'est-ce qui nous permettrait de croire que, d'ici la fin des temps, surviendra, un jour ou l'autre, le moment magique où le peuple québécois verrait, d'un horizon aujourd'hui encore inconnu, surgir enfin LA solution tant attendue?

Qui, si ce ne sont les tenants du système, a intérêt à nous convaincre que, par quelque obscure fatalité, nous sommes prédestinés, condamnés en vertu de leurs lois, à reprendre indéfiniment les mêmes discussions sur les mêmes sujets dans les mêmes forums avec la même absence de résultats?

Qui, si ce ne sont eux, profite d'une polarisation qu'ils s'évertuent à cristalliser entre les Québécois (les « séparatistes anti-Canada » *vs* tous les autres), car là se trouve, ont-ils compris depuis longtemps, la clé d'une division artificielle apte, espèrent-ils, à garantir leur domination perpétuelle sur notre peuple?

Pour quelle raison la volonté d'être maîtres de nos affaires exigerait-elle que, d'un bond, nous nous projetions là où beaucoup d'entre nous hésitent encore à aller, alors que, partant du point où nous sommes, nous pourrions au moins commencer par essayer de nous rendre là où la majorité le souhaite?

Qu'est-ce qui nous fait parfois considérer francs et courageux ceux qui nous invitent à foncer romantiquement, tête baissée, sur les obstacles visibles et prévisibles érigés par des adversaires qui, pariant sur notre candeur, comptent bien nous voir tomber dans les pièges qu'ils ont tendus sur la route?

Pourquoi enfin sommes-nous portés à médire de ceux qui osent penser, comme partout ailleurs, que, face à un blocage organisé, l'idée de le contourner n'est ni politiquement sotte ni moralement répréhensible?

* * *

Pourquoi notre peuple serait-il forcé de rester captif d'un cercle vicieux décourageant et, à terme, politiquement délétère ? Car, en se résignant à arpenter ce cercle à l'affût de solutions qu'on n'y découvrira jamais, comme le savent bien ceux qui cherchent à nous y confiner, on se condamne à tourner en rond.

Ce cercle vicieux, fermé sur nous en grande partie à cause de l'état actuel de notre opinion publique, c'est paradoxalement grâce à notre propre opinion publique que nous pouvons nous en extraire. Elle est l'arme qui manque aux « prophètes désarmés » dont parle le titre du livre.

Pourquoi alors, si ne sont pas au rendez-vous les fameuses « conditions gagnantes », ne pas nous offrir à nous-mêmes un projet qui, sans être l'idéal rêvé, serait assez positif, stimulant et mobilisateur pour rassembler une nette majorité d'entre nous ?

Et, au lieu de nous attrister de la conjoncture défavorable, le cas échéant, ou d'en rejeter la faute sur tel ou tel acteur politique, demandons-nous plutôt si nous ne sommes pas, au contraire, à la veille de voir réunie une combinaison de conditions gagnantes d'un autre genre, par exemple sur une proposition ressemblant à celle suggérée quelques pages plus haut.

Pourquoi, après tout, n'en serait-il pas ainsi dans une année ou deux, ou lors des prochaines élections générales ?

Ce l'est peut-être déjà actuellement.

Fatigué des réformes avortées depuis trente ans, des rondes constitutionnelles toujours décevantes, des défaites référendaires, des exaspérants conflits de compétence à répétition, des agressions fédérales, des tensions Québec-Ottawa successives et cumulatives, et des interminables questionnements sur la place et le rôle du Québec, il se pourrait bien que notre peuple ait envie, au lieu d'un référendum sur la souveraineté que la situation ne permettrait pas de tenir, de manifester son adhésion à une proposition qui, sans tout régler d'un coup, pourrait changer fondamentalement des choses.

Peut-être en sommes-nous au point où les Québécois désirent d'instinct qu'on leur fournisse enfin une occasion de se dire Oui à eux-mêmes, tout en gardant l'avenir ouvert?

Pourquoi ce livre maintenant ?

> *Écrire, c'est une façon de parler sans être inter-*
> *rompu.*
>
> Jules Renard, Journal

Dernières pages. C'est le moment, ou jamais, d'expliquer plus précisément les raisons personnelles qui m'ont motivé à publier l'analyse qu'on vient de lire.

J'ai vécu deux situations difficiles qui, selon moi, ne doivent plus jamais se répéter.

La première a été la tenue d'un référendum, en mai 1980, alors que les indications et sondages dont le gouvernement disposait depuis plusieurs mois laissaient la plupart du temps craindre une défaite de l'option souverainiste. Néanmoins, référendum il y eut parce que, dans son programme, le Parti québécois avait décidé sans retour, et quelles que soient les circonstances, que la consultation aurait lieu au cours de son premier mandat. Voulant se donner une obligation de résultat, le parti s'était créé une obligation de calendrier ! Nous n'en sommes heureusement plus là.

C'est surtout la deuxième situation qui m'a poussé à réfléchir par écrit. Pendant les années qui ont précédé le référendum de 1980, il existait, au sein du gouvernement, une directive tacite, disons une sorte de tabou : il eût été considéré du plus mauvais goût de confier à quelqu'un (ou à un groupe de travail) le soin de se livrer à des études prospectives sur la conduite à suivre en cas d'échec. Concevoir une action quelconque en fonction d'une hypothèse aussi déprimante aurait passé pour du défaitisme ou pour une erreur stratégique. Cela finissant par se savoir, nos militants douteraient de l'efficacité de leurs efforts et du bien-fondé de la démarche souverainiste, état d'esprit démobilisant qui aurait, présumait-on, un effet dissuasif sur la partie de l'électorat encore à convaincre.

Si bien qu'au lendemain de la défaite référendaire, aucun document systématique et fouillé sur les conséquences éventuelles d'un Non n'existait nulle part dans les dossiers du gouvernement ou ceux du Parti québécois !

Non pas qu'il fallût tout improviser. René Lévesque et moi, à titre de ministre des Affaires intergouvernementales, pensions tout de même, chacun de notre côté (ainsi que quelques collègues), à la suite des choses. De temps à autre, mais sans aller loin dans nos supputations, nous échangions des impressions sur les façons de réagir à un possible échec. Ce qui se révéla être d'un certain secours dans les jours qui suivirent le 20 mai 1980. Sans chercher à tout prévoir en construisant des scénarios compliqués, nous aurions cependant dû commencer bien avant la réflexion approfondie nécessaire. Au cas où…

Aujourd'hui, le problème se présente différemment. Le

référendum à venir sur la souveraineté sera gagnant ou il n'aura pas lieu. La question est plutôt : dans le second cas, y aurait-il une solution de rechange ?

Ce livre paraît à ce moment-ci pour que les Québécois en général et les militants du PQ en particulier sachent dès maintenant que, quoi qu'il advienne, les prophètes, *s'ils le veulent,* pourraient ne pas être désarmés.

Table des matières
et liste des observations

De toutes les provinces du Canada, le Québec est la seule à devoir et
pouvoir assumer, par ses institutions publiques et privées, la responsabilité de défendre et de promouvoir la spécificité d'une société à
plus de 80 % de langue française qui, pour cette raison notamment,
se distingue de la population de langue anglaise qui domine partout
ailleurs en Amérique du Nord.

Le fédéralisme de 1867 ne visait pas avant tout à sauvegarder
l'« autonomie provinciale ».

Le régime fédéral actuel avantage systématiquement le pouvoir central.

Le fédéralisme canadien a été fondé sur un malentendu.

Le danger politique le plus immédiat pour le Québec provient de la dynamique et des pratiques du présent régime fédéral.

Les règles du régime soumettent les Québécois à un processus inéluctable de minorisation politique.

II. Le grand blocage 25

Pour la population du Canada anglais, le fédéralisme bien compris suppose l'existence d'un gouvernement central fort, capable, face aux Américains, d'affirmer l'identité *Canadian* et, sur le plan interne, de tenir tête aux réclamations des politiciens provinciaux, notamment ceux du Québec.

Le Québec et le reste du Canada (Ottawa en tête) n'ont *jamais* partagé les mêmes objectifs de réforme constitutionnelle.

La majorité canadienne-anglaise n'est nullement disposée à donner suite aux réclamations des *politiciens* du Québec en consentant à modifier substantiellement le fonctionnement du régime actuel.

Il est maintenant devenu *presque* impossible de modifier la Constitution canadienne.

Le statu quo se maintiendra tant et aussi longtemps que le gouvernement québécois continuera de recourir à des moyens qui n'ont donné aucun résultat.

À défaut d'une transformation du présent régime fédéral, et parce que le temps et la dynamique du régime jouent contre eux, seule la souveraineté pourrait durablement préserver les Québécois de la minorisation politique en cours.

LES CONDITIONS DE LA LUTTE 37

III. Difficile, la souveraineté ? 39

Pour accéder à la souveraineté, le Québec devra suivre la voie, plus ou moins longue, que sa situation particulière lui indiquera.

La croissance et le maintien du sentiment souverainiste exigent une mobilisation populaire dont les conditions favorables sont rarement réunies en même temps ; quand elles le sont, elles ne durent pas nécessairement longtemps ; et elles ne surviennent pas sans raison valable.

Il existe une formidable coalition d'intérêts, déjà active, qui, sitôt qu'elle en sentira le besoin à la veille d'un prochain référendum, mettra tout en œuvre non seulement pour empêcher la souveraineté du Québec, mais aussi pour conserver le statu quo.

La portée de la souveraineté, en tant que plénitude du pouvoir politique, est, sur le plan concret, différente aujourd'hui (et le sera davantage dans l'avenir) de ce qu'elle était il y a quelques décennies.

Aucun pays étranger ne favorise a priori la souveraineté du Québec.

IV. Tendances lourdes   51

À l'opposé de ce qu'on voit chez d'autres peuples, il n'existe pas chez les Québécois d'aspiration historique à l'indépendance qui serait née de longue date, que leur évolution politique ultérieure aurait confirmée et à laquelle, par intérêt, fidélité ou tradition, ils adhéreraient spontanément.

Les Québécois de langue française restent, à divers degrés, attachés au Canada.

Les Québécois de langue française sont davantage portés à se défendre qu'à attaquer.

On observe une corrélation inverse entre la possibilité plus ou moins prochaine de la souveraineté et l'adhésion populaire à celle-ci.

Il demeure encore facile de détourner bon nombre de Québécois du projet souverainiste pour peu qu'on leur en fournisse un prétexte.

Il est très peu probable, sinon impossible, qu'un référendum qui porterait sur l'indépendance *totale* du Québec (c'est-à-dire sur la « séparation » d'avec le Canada sans association/partenariat) obtienne une réponse majoritairement positive des Québécois.

Pour être acceptable aux Québécois, la souveraineté doit s'accompagner d'une association (ou partenariat) avec le Canada.

Si, après tant d'années, les Québécois n'ont pas encore définitivement opté soit pour le régime actuel, soit pour la souveraineté, ce n'est pas à cause de leur ambivalence ou de leur indécision.

Bon nombre de Québécois ont de la difficulté à voir quels gains concrets leur vaudrait une souveraineté dont le phénomène actuel de la mondialisation leur fait pressentir les limitations dans un monde de plus en plus interdépendant.

Vu leurs dispositions naturelles, les citoyens qui rejettent encore la souveraineté seront difficiles à convaincre.

Depuis leur quasi-défaite référendaire de 1995, les adversaires de la souveraineté ont entrepris de conditionner l'opinion québécoise.

Ottawa et ses alliés ont fait le pari que les Québécois finiront par se soumettre une fois pour toutes au fédéralisme *Canadian*.

Dans l'espoir d'arriver à leurs fins, les libéraux fédéraux ont travesti le programme du Parti québécois.

Si rien ne change, les Québécois resteront coincés dans une situation qui, bien qu'ils le rejettent, leur imposera le statu quo constitutionnel voulu par les tenants du régime.

À la longue, l'absence de tout déblocage ou de tout progrès dans la « question du Québec » conduira à la résignation.

Le Parti québécois doit conserver son objectif.

Même après son accession à la souveraineté, des contraintes externes et internes continueraient à peser sur le Québec.

À cause de leur longue histoire commune et des rapports qu'ils entretiennent déjà, ainsi que pour des raisons de commodité et de bon sens, il est probable que le contenu du partenariat entre le Québec et le Canada serait varié et étendu.

Il y a une différence de nature entre le type d'association prévu par la souveraineté-partenariat et celui qu'impose le fédéralisme.

La souveraineté-partenariat donnerait au Québec des outils faisant partie d'un tout, mais, dans l'ordre de l'action, il importe de les distinguer.

Un Oui à la souveraineté — qui n'aurait défait le Non que par une marge minime — rendrait plus difficile mais non impossible l'atteinte du but recherché.

Même très marginalement majoritaire (moins de 1 %, par exemple), un Oui à la souveraineté aurait cependant un impact politique énorme.

D'ici la prochaine élection, les périodes propices à la tenue d'un référendum seront peu nombreuses.

Par son attitude sur l'avenir national du Québec, le PLQ a tendance à se dissocier de la majorité québécoise de langue française.

Le pire risque à faire courir au Québec est celui d'une autre défaite référendaire.

Bien que les Québécois ne souhaitent pas un nouveau référendum rapproché sur la souveraineté, ils voudraient tout de même que le problème Québec-Canada se règle.

Pour faire progresser politiquement le Québec, les souverainistes pourraient, si les circonstances l'exigeaient, adapter leur démarche à la conjoncture.

D'une façon ou d'une autre, la question de savoir si le PQ doit repenser sa démarche finira par se poser ; de fait, elle se pose déjà.

Jamais on ne réussira à modifier le statut du Québec ni à l'extraire du cercle vicieux actuel sans l'appui explicite de l'opinion publique de son peuple.

La Cour suprême a apporté au débat politique une composante de toute première importance : Ottawa et le reste du Canada ne peuvent désormais plus refuser de négocier avec le Québec des propositions qui auraient reçu un appui clairement exprimé par sa population.

X. L'autre façon de faire

Il ne faut pas chercher à créer artificiellement les « conditions gagnantes »…

… ni s'engager dans des voies inutilement risquées, voire suicidaires.

Faute de conditions gagnantes, il vaudrait mieux ne pas tenir de référendum sur la souveraineté pendant l'actuel mandat du gouvernement.

Un référendum sur la future Constitution du Québec n'est sans doute pas le meilleur substitut à un référendum sur la souveraineté.

Le gouvernement pourrait rechercher l'appui des Québécois en faveur d'une proposition inédite qui serait de nature à transformer la donne politique canadienne.

Même sans « conditions gagnantes » pour un référendum sur la souveraineté, il resterait tout à fait possible que les Québécois se donnent une meilleure prise sur le régime afin d'en provoquer la réorientation à leur avantage.

XI. Une voie possible

Toute proposition référendaire devrait viser les causes du problème Québec-Canada, pas seulement ses manifestations.

Il existe depuis longtemps, chez les Québécois, un consensus sur la nécessité, pour le Québec, d'être maître de ses affaires en récupérant, en obtenant et en conservant les instruments et la marge de manœuvre dont il a un besoin vital pour s'acquitter de sa mission unique.

Ce consensus a influencé les positions de tous les partis et de tous les gouvernements du Québec depuis plus de cinquante ans.

Les deux principaux partis du Québec privilégient des approches qui se situent soit au-delà, soit en-deçà du consensus.

En partant du consensus, il est possible de mettre au point une nouvelle proposition à soumettre à la population.

Ce genre de proposition s'inspire de préoccupations déjà présentes dans l'opinion et vise des objectifs concrets facilement identifiables.

Malgré son attrait, une proposition référendaire qui ne porterait pas sur la souveraineté n'éliminerait pas nécessairement toutes les réticences de l'électorat…

… et elle pourrait indisposer des souverainistes.

Flairant le danger pour eux que représenterait une proposition en phase avec les préférences de la population, des partisans du régime y verraient sûrement maintes difficultés prétendument insolubles…

… seraient tentés d'en déformer le sens…

… et essaieraient d'imaginer divers obstacles…

… mais leurs réactions irritées confirmeraient plutôt que la proposition réussit la jonction entre ce qui est nécessaire à court terme, ce qui est souhaité par la majorité des Québécois et ce qui est réalisable.

Si le référendum portait sur un sujet autre que la souveraineté, on pourrait, moyennant les changements législatifs requis, le tenir en même temps qu'une élection générale.

Si le gouvernement optait pour la proposition suggérée ici, ou pour une autre du même type, il aurait intérêt à l'annoncer sans tarder et à entreprendre tout de suite d'informer systématiquement le public sur son sens, son contenu et sa portée.

S'il choisissait la démarche décrite dans ces pages, le gouvernement obtiendrait, du fait même, toute la latitude voulue pour l'expliquer et en débattre.

Le maintien de l'objectif souverainiste est tout à fait compatible avec la démarche décrite ici.

L'adhésion des Québécois à une proposition comme celle présentée ici redonnerait l'initiative au Québec et créerait une situation entièrement nouvelle.